交通运输企业安全生产标准化评价实施细则

2018

机动车维修企业
安全生产标准化评价实施细则

本书编写组　编
交通运输部安全委员会办公室　审定

人民交通出版社股份有限公司
China Communications Press Co.,Ltd.

内容提要

本书详细介绍了机动车维修企业安全生产标准化评价办法,适合机动车维修企业安全生产管理人员学习参考,也可供机动车维修企业安全生产标准化评审员学习使用。

图书在版编目(CIP)数据

机动车维修企业安全生产标准化评价实施细则/《机动车维修企业安全生产标准化评价实施细则》编写组编. —北京:人民交通出版社股份有限公司,2019.3
 ISBN 978-7-114-15359-4

Ⅰ.①机… Ⅱ.①机… Ⅲ.①机动车—修理厂—企业管理—安全生产—标准化管理—中国 Ⅳ.①F426.471

中国版本图书馆 CIP 数据核字(2019)第 025867 号

Jidongche Weixiu qiye Anquan Shengchan Biaozhunhua
Pingjia Shishi Xize

书　名:	机动车维修企业安全生产标准化评价实施细则
著 作 者:	本书编写组
责任编辑:	刘　博　刘　洋
责任校对:	刘　芹
责任印制:	张　凯
出版发行:	人民交通出版社股份有限公司
地　　址:	(100011)北京市朝阳区安定门外外馆斜街3号
网　　址:	http://www.ccpress.com.cn
销售电话:	(010)59757973
总 经 销:	人民交通出版社股份有限公司发行部
经　　销:	各地新华书店
印　　刷:	北京印匠彩色印刷有限公司
开　　本:	787×1092　1/16
印　　张:	13.75
字　　数:	237 千
版　　次:	2019 年 3 月　第 1 版
印　　次:	2021 年 9 月　第 3 次印刷
书　　号:	ISBN 978-7-114-15359-4
定　　价:	40.00 元

(有印刷、装订质量问题的图书由本公司负责调换)

丛书编委会

主　　　任：徐　春

执行副主任：彭付平

副　主　任：（按姓氏笔画排序）

王　伟　王必亮　冉龙志　付伦香　朱　江　乔　枫　刘昌义　刘福泽　李书仁　李法卫　吴敏刚
张　胜　张　健　张三国　张立承　张朋声　张新财　陈世国　陈佳元　陈德华　罗延辉　罗序高
赵伟文　胡华平　保国忠　贾光智　徐厚仁　高军刚　曾　敏　谭瑞兵

委　　　员：（按姓氏笔画排序）

马　伟　乔希宁　乔树胜　刘立军　刘宇鹏　刘海英　安玉林　李有亮　李兆渊　李肖灏　李相伟
李冠男　杨　刚　肖慧莎　吴　冰　张凤玲　张延贵　陈　波　陈年宝　陈庆龙　周　烨　赵　颖
赵　静　赵喜明　柏玉海　姚凤金　姚静涛　贺鹏举　郭世慧　郭志南　谈　勇　韩学义　程　昊
谢东明　雷　仕　蔡　靖　熊立新

技术支持

中国船级社

交通运输部水运科学研究院

北京市交通委员会

中交第四公路工程局有限公司

北京中平科学技术院

前 言 QIANYAN

交通运输安全生产是安全生产的重要组成部分，与经济社会健康发展和人民群众获得感、幸福感、安全感息息相关。在建设安全便捷、畅通高效、绿色智能现代综合交通运输体系过程中，交通运输行业必须始终牢固树立以人民为中心的发展理念，始终将安全工作放在首位，坚持改革创新，坚持安全发展，进一步增强做好安全工作的责任感、使命感和紧迫感，采取切实有效的工作措施，筑牢安全生产防线，确保交通运输事业发展长治久安。

6年来，交通运输行业积极推进企业安全生产标准化建设，取得了一系列成效：一是明确界定了企业落实安全生产主体责任的内涵和要求，让大家知道安全生产管什么、怎么管、达到什么要求，推动企业安全生产工作逐步规范，事故水平持续下降，显著提升了行业安全生产水平；二是强化了行业管理部门安全监管工作，丰富了安全监管手段，增强了安全监管工作的针对性，为部门实施安全生产分类指导、分级监管提供重要依据；三是为管理部门监督检查工作提供了相关标准和清单，推动实现精细化、清单化监管。

为进一步加强和推进交通运输行业安全生产标准化建设工作，交通运输部2016年7月26日印发了《交通运输企业安全生产标准化建设评价管理办法》（交安监发〔2016〕133号），进一步优化完善了企业安全生产标准化建设工作机制；2018年5月1日起，相继颁布了《交通运输企业安全生产标准化建设基本规范》一系列行业标准，将原考评指标上升为行业规范，有效提升了标准化建设工作的科学性、专业性和指导性。为做好新标准的实施，我们组织标准起草单位和专家编制了系列标准的实施细则和汽车租赁、巡游出租车、港口罐区和港口理货仓储等领域的安全生产标准化建设试行细则。

本书由姚静涛担任主编，王谦、赵远航担任副主编，乔希宁、樊志强、安玉林、王姝妍、翟自军、乔玉祥、赵颖、李龙、张军琛、宁友娟、朱财权、朱绍荣、毛群参与编写。

　　新编制的《机动车维修企业安全生产标准评价实施细则》力求科学严谨、精准精细、便于操作,但由于编写安排进度较紧,难免出现一些错误和问题,希望大家积极批评指正,为交通运输企业安全生产标准化建设基本规范和实施细则的优化、完善贡献力量,持续推进行业安全发展,为交通强国建设保驾护航!

编委会
2018 年 11 月

目录 MULU

第一章　机动车维修企业安全生产标准化评价实施细则 …………………………………………………… 1

第二章　机动车维修企业安全生产标准化评价扣分表 …………………………………………………… 155

附件1　《交通运输企业安全生产标准化建设基本规范　第6部分:机动车维修企业》(JT/T 1180.6—2018) ………… 181

附件2　交通运输部关于印发《交通运输企业安全生产标准化建设评价管理办法》的通知 ………………… 193

第一章 机动车维修企业安全生产标准化评价实施细则

评价类目	评价项目	释义	评价方法	标准分值	评价标准	得分
一、目标与考核（30分）	①企业应结合实际制定安全生产目标。安全生产目标应： a. 符合或严于相关法律法规的要求； b. 形成文件，并得到本企业所有从业人员的贯彻和实施； c. 与企业的职业安全健康风险相适应； d. 具有可考核性，体现企业持续改进的承诺； e. 便于企业员工及相关方获得	安全生产目标，是在一定条件下，一定时间内完成安全活动所达到的某一预期目的的指标。安全生产目标的制定，应切合企业实际，要求内容明确、具体、量化，有时限性。 安全生产目标应以文件形式正式发布，使全体员工和相关方获知	查资料： 1. 查安全生产目标； 2. 查发布安全生产目标的文件； 3. 查贯彻和实施安全生产目标的相关资料。 询问： 抽查企业员工3~5人是否了解本企业安全生产目标。 现场检查： 查企业安全生产目标是否充分公开，便于企业员工及相关方获得	5 ★★★	1. 应制定符合要求的安全生产目标； 2. 安全生产目标应正式发布、贯彻和实施； 3. 企业员工应了解安全生产目标； 4. 安全生产目标应充分公开，便于员工及相关方获得	

续上表

评价类目	评价项目	释义	评价方法	标准分值	评价标准	得分
一、目标与考核（30分）	②企业应根据安全生产目标制定可考核的安全生产工作指标，指标应不低于上级下达的目标	安全生产工作指标：指量化的安全生产指标，又称安全生产控制指标。对安全生产目标进行量化，使其更具体化、更有针对性，便于企业对安全生产目标的实施、考核和统计的开展。企业制定的指标应不低于上级有关部门下达的安全考核指标，并且符合法律法规的要求	查资料： 1.查安全生产工作指标的文件，指标应可考核； 2.查上级单位下达的安全生产目标	5	1.未制定可考核的安全生产工作指标，不得分； 2.制定的安全生产工作指标低于上级单位下达的安全生产目标，不得分； 3.制定的安全生产工作指标不合理、与企业实际情况不符，每处扣1分	
	③企业应制定实现安全生产目标和工作指标的措施	企业安全生产目标和安全生产工作指标明确后，要有一系列的措施来保证安全生产目标和安全生产工作指标的实现。措施的制定应该具体、责任明确。 措施一般包括：完善安全管理机构，明确安全生产责任，资金保障、建立安全生产制度体系，安全教育与培训，设备设施维护，应急训练与演习等	查资料： 查实现安全生产目标和工作指标的措施文件	5	1.未制定实现安全生产目标和工作指标的措施，扣5分； 2.制定的措施不具体、不可行或责任不明确，每项扣1分	

续上表

评价类目	评价项目	释义	评价方法	标准分值	评价标准	得分
一、目标与考核（30分）	④企业应制定安全生产年度计划和专项活动方案，并严格执行	按照中长期规划目标和要求，企业要逐年推进安全生产工作的进步，特别是要针对某些突出的安全生产问题和隐患，通过制定年度计划和年度专项活动方案，进一步细化工作，使其更具有针对性和操作性，包括指导思想、活动主题、组织机构、工作目标、时间节点与具体活动内容等	查资料： 1.查安全生产年度计划和专项活动方案； 2.查安全生产年度计划和专项活动方案执行的相关记录和总结材料等	5	1.未制定安全生产年度计划，扣3分； 2.未制定安全生产专项活动方案，扣2分； 3.执行安全生产年度计划和方案的记录和总结材料不完整，每项扣1分	
	⑤企业应将安全生产工作指标进行细化和分解，制定阶段性的安全生产控制指标，并予以考核	企业要结合实际，按照组织结构及下属单位在安全生产中可能面临的风险大小，将企业年度的安全生产目标转化成阶段性的安全生产控制指标，并逐级细化分解，落实到每个单位、部门、班组和岗位。通过对指标进行考核，以激励全体职工的积极性，从而保证指标的完成	查资料： 1.查细化和分解后的安全生产工作指标，应根据企业实际情况进行细化并分解到各基层单位、部门和岗位； 2.查企业制定的阶段性安全生产控制指标； 3.查各项指标的考核记录	5	1.未细化和分解安全生产工作指标，扣2分； 2.安全生产工作指标细化和分解不合理、不符合企业实际情况或不完善，每处扣1分； 3.未制定阶段性的安全生产控制指标，扣1分； 4.未对安全生产指标完成情况进行考核或考核不完整不合理的，每项扣1分	

续上表

评价类目	评价项目	释　义	评价方法	标准分值	评价标准	得分
一、目标与考核（30分）	⑥企业应建立安全生产目标考核与奖惩的相关制度,并定期对安全生产目标完成情况予以考核与奖惩	考核奖惩是提升安全管理最有效方法之一； 激励约束、奖优罚劣,企业要制定相应的规章制度或管理办法,明确考核与奖惩的程序和要求； 制度应当明确考核、奖惩的对象,考核的时限,考核的程序与方法,考核的具体内容,奖惩条件等,并要明确考核的责任部门,保证考核和奖惩工作的实施； 安全生产考核与奖惩要规范、合理、有效实施； 企业要根据安全生产目标考核与奖惩制度的规定,对所有安全生产部门和岗位目标完成情况进行考核,重点考核企业安全生产主要负责人(项目负责人),定期一般分为月度跟踪、季度分析、半年检查和年度考核,并奖惩兑现	**查资料**： 1. 查安全生产目标考核与奖惩管理规定； 2. 查目标考核记录文件； 3. 查奖惩兑现证明材料	5	1. 未制定安全生产目标与奖惩管理规定,扣2分； 2. 制定的安全生产目标与奖惩制度内容不完善,扣1~2分； 3. 未进行安全生产目标考核或奖惩的,扣3分	

续上表

评价类目	评价项目	释义	评价方法	标准分值	评价标准	得分
二、管理机构和人员（35分）	1.安全生产管理机构	①企业应建立以企业主要负责人为领导的安全生产委员会（或安全生产领导小组），并应职责明确。应建立健全从安全生产委员会（或安全生产领导小组）至基层班组的安全生产管理网络	安全生产委员会（或安全生产领导小组）是企业安全生产管理的最高决策机构。应由企业安全生产第一责任人、分管领导与有关部门人员组成	**查资料：** 1.公司成立安全生产委员会，下属各分支机构成立安全生产领导小组的文件，安全生产委员会职责明确； 2.公司安全生产管理网络图	10 ★★	1.未成立安全生产委员会（或领导小组），不得分； 2.未明确安全生产委员会（或安全领导小组）职责，扣3分； 3.未编制安全生产管理网络图，或网络图未全面覆盖基层班组，扣2分	

续上表

评价类目	评价项目		释义	评价方法	标准分值	评价标准	得分
二、管理机构和人员(35分)	1.安全生产管理机构	②企业应按规定设置与企业规模相适应的安全生产管理机构	安全生产管理机构是企业内部设置的对安全生产工作进行综合协调和监督的综合管理部门。 矿山、金属冶炼、建筑施工、道路运输单位和危险物品的生产、经营、储存单位,应当设置安全生产管理机构或者配备专职安全生产管理人员。前款规定以外的其他生产经营单位,从业人员超过100人的,应当设置安全生产管理机构或者配备专职安全生产管理人员;从业人员在100人以下的,应当配备专职或者兼职的安全生产管理人员	查资料: 1.设置安全生产管理机构的文件; 2.设置的安全生产管理机构与企业规模相适应; 3.安全生产管理机构职责及工作制度等文件	5 ★★★	1.按规定设置安全生产管理机构; 2.设置的安全生产管理机构与企业规模相适应; 3.应明确安全生产管理机构职责	

续上表

评价类目	评价项目		释义	评价方法	标准分值	评价标准	得分
二、管理机构和人员（35分）	1.安全生产管理机构	③企业应定期召开安全生产委员会或安全生产领导小组会议。安全生产管理机构或下属分支机构每月至少召开一次安全工作例会	安全生产委员会会议，每季度至少一次，研究解决安全生产中的重大问题，安排阶段性安全生产工作。 安全工作例会，每月至少1次，主要是落实安全生产委员会会议的会议决定，总结上一阶段的各项安全生产工作完成情况，传达上级对安全生产的指令、文件精神及安全生产相关措施，对安全工作进行部署、对从业人员进行安全思想教育等。各分支机构和部门汇报安全生产情况和存在的问题	**查资料：** 1.安全生产工作例会制度； 2.安全生产委员会会议资料，包括会议通知、会议签到表、会议记录、会议纪要等； 3.安全生产管理机构召开安全工作例会的资料，包括会议通知、会议签到表、会议记录等	5 AR	1.未制定安全生产例会制度，扣3分； 2.制度不完善、内容不全面，扣0.5分； 3.无安全生产会议记录、会议纪要、签到表等，每项扣0.5分	

续上表

评价类目		评价项目	释义	评价方法	标准分值	评价标准	得分
二、管理机构和人员（35分）	2.安全管理人员	①企业应按规定配备专（兼）职安全生产和应急管理人员	安全生产管理人员是指生产经营单位中从事安全生产管理工作的专职或兼职人员	查资料： 1.任命专（兼）职安全生产管理人员和应急管理人员的文件； 2.行业对安全生产管理人员及应急管理人员配备要求的文件	10 ★★★	1.应配备专（兼）职安全管理人员和应急人员； 2.安全生产管理人员和应急管理人员的配备应满足行业要求	
		②企业的主要负责人和安全生产管理人员应具备与本企业所从事的生产经营活动相适应的安全生产和职业卫生知识与能力，并保持安全生产管理人员的相对稳定	企业的主要负责人和安全生产管理人员必须具备与本企业所从事的生产经营活动相适应的安全生产和职业卫生知识与能力，同时具有领导安全生产管理工作和处理安全生产事故的能力	查资料： 1.企业主要负责人和安全生产管理人员岗位任职能力要求； 2.安全生产管理岗位任职能力评价、培训及考核记录； 3.安全生产管理人员劳动合同	5	1.未制定安全岗位任职能力要求，扣3分； 2.安全管理岗位任职能力评价、培训、考核，记录不全，每项扣1分； 3.安全生产管理人员劳动合同期限未满足1年期以上的，每人，扣2分	

续上表

评价类目	评价项目	释义	评价方法	标准分值	评价标准	得分
三、安全责任体系(40分)	1.健全责任制	①企业应建立安全生产责任制,明确安全生产委员会(或安全生产领导小组)、安全生产管理机构、各职能部门、生产基层单位的安全安全生产职责,层层签订安全生产责任书,并落实到位	《中华人民共和国安全生产法》第四条规定"生产经营单位必须遵守本法和其他有关安全生产的法律、法规,加强安全生产管理,建立、健全安全生产责任制和安全生产规章制度,改善安全生产条件,推进安全生产标准化建设,提高安全生产水平,确保安全生产。"安全生产责任制是企业安全生产的核心,是安全生产管理的源头。安全生产责任制应明确规定企业领导层、管理人员及所有从业人员、各管理部门、各级单位、岗位对安全生产应负的责任、权利和义务。企业的安全生产责任制应覆盖企业的所有方面,通过文件或有关规定发布,层层签订安全生产责任制,明确全体人员的安全生产责任	**查资料:** 1.企业组织机构、各部门、岗位职责文件; 2.安委会任命及职责规定文件; 3.抽查安全生产管理机构、主要职能部门、基层单位、重要岗位安全生产责任书。 **询问:** 重要安全生产管理人员、岗位员工至少三人是否清楚各自安全生产职责、责任书签订情况	10 AR	1.未制定部门和岗位职责,不得分;缺少1个部门扣3分;缺少1个岗位扣1分; 2.未签订安全生产责任书,不得分;缺1份,扣1分; 3.员工不明确自身安全职责,每人次扣1分	

续上表

评价类目	评价项目		释义	评价方法	标准分值	评价标准	得分
三、安全责任体系(40分)	1.健全责任制	②企业主要负责人或实际控制人是本企业安全生产第一责任人,对本企业安全生产工作全面负责,负全面组织领导、管理责任和法律责任,并履行安全生产的责任和义务	企业安全生产第一责任人一般为企业总经理或总裁,根据安全生产法相关规定,生产经营单位的主要负责人对本单位的安全生产工作全面负责;生产经营单位的主要负责人对本单位安全生产工作负有下列职责: (一)建立、健全本单位安全生产责任制; (二)组织制定本单位安全生产规章制度和操作规程; (三)保证本单位安全生产投入的有效实施; (四)督促、检查本单位的安全生产工作,及时消除生产安全事故隐患; (五)组织制定并实施本单位的生产安全事故应急救援预案; (六)及时、如实报告生产安全事故; (七)组织制定并实施本单位安全生产教育和培训计划	查资料: 1.核查企业营业执照、经营资质等材料,确定企业主要负责人或实际控制人; 2.安全生产责任制文件。 询问: 主要负责人或实际控制人是否明确应承担的安全生产责任	5 ★★★	1.主要负责人或实际控制人职责应符合法规要求; 2.主要负责人或实际控制人应熟知其安全责任	

续上表

评价类目	评价项目	释义	评价方法	标准分值	评价标准	得分
三、安全责任体系(40分)	1.健全责任制 ③分管安全生产的企业负责人是安全生产的重要负责人,应协助企业安全生产第一责任人落实各项安全生产法律法规、标准,统筹协调和综合管理企业的安全生产工作,对本企业安全生产负重要管理责任	安全生产分管负责人为企业任命或指派,协助主要负责人落实各项安全生产法律法规、标准规范等,统筹协调和综合管理企业的安全生产工作,对企业安全生产工作负综合管理领导责任。可以是企业总经理,分管安全生产的副总经理等	查资料: 查安全生产分管负责人的任命或职责分工文件; 询问: 1.安全生产分管负责人应承担的职责; 履职情况; 2.跟踪检查相关履职证据	5	1.未明确安全生产的分管负责人,不得分;相关职责不充分、不明确,扣2分; 2.安全生产的分管负责人不清楚相应职责,不得分;未履行职责,每项扣2分;相关履职证据不充分,每项扣1分	
	④其他负责人及员工实行"一岗双责",对业务范围内的安全生产工作负责	企业实行安全生产"一岗双责",是指不仅要对所在岗位承担的具体业务工作负责,还要对所在岗位相应的安全生产负责	查资料: 企业岗位职责文件; 询问: 抽查管理、现场操作等岗位人员不少于3人,询问各自岗位职责	10	1.未明确岗位分工、安全生产职责的,不得分; 2.一岗双责体现不合理、不充分,每岗扣2分; 3.人员不熟悉一岗双责,每人次扣2分	

续上表

评价类目	评价项目	释义	评价方法	标准分值	评价标准	得分
三、安全责任体系(40分)	2.责任制考评 企业应根据安全生产责任进行定期考核和奖惩,并公布考评结果和奖惩情况	企业应建立安全生产责任考核机制,制定安全生产责任考核制度。建立以岗位安全绩效考核为重点,以落实岗位安全责任为主线,以杜绝岗位安全责任事故为目标的全员安全生产责任考核办法。加大安全生产责任在员工绩效工资、晋级、评先评优等考核中的权重,重大责任事项实行"一票否决"。对各级管理部门、管理人员及从业人员安全职责的履行情况和安全生产责任制的实现情况进行定期考核,予以奖惩	查资料：开展安全生产责任制考核、奖惩相关的文件;奖惩兑现记录、文件等	10 ★★	1.未开展安全责任制考核,不得分;考核不合理、不全面等,每项扣2分; 2.未依据考核结果进行奖惩,扣5分; 3.未公布考核结果和奖惩情况,扣3分	

续上表

评价类目	评价项目	释义	评价方法	标准分值	评价标准	得分
四、资质、法律法规与安全生产管理制度（65分）	1.资质	企业的《企业法人营业执照》、资质证书应合法有效，经营范围应符合要求	企业应按规定开展工商登记；各类资质证书中的名称、法人等一致；并处于有效期内；应取得有效的资质证书，并按照规定通过年度审验。企业应在核准的工商登记和资质许可范围开展合法的经营活动	**查资料：** 核查《企业法人营业执照》、资质证书等原件。 **现场检查：** 企业实际经营范围	5 ★★★	1.企业应具备合法有效的营业执照、资质证书及法律规定的其他经营许可证书，按规定通过年审；2.企业应在获准的资质范围内开展经营活动	
	2.法律法规及标准规范	①企业应制定及时识别、获取适用的安全生产法律法规、规范标准及其他要求的管理制度，明确责任部门，建立清单和文本（或电子）档案，并定期发布	企业应及时识别和获取本企业适用的安全生产法律法规、标准规范，并跟踪、掌握有关法律法规、标准规范的修订情况	**查资料：** 1.企业管理制度文件； 2.适用的法律法规、标准及其他要求的清单、文本（或电子）档案、台账或数据库等； 3.法规清单（或文本）定期更新并发布的记录	5	1.未建立识别和获取适用的安全生产法律法规、标准及其他要求的管理制度的，扣2分；未明确责任部门，扣2分；未明确获取渠道或方式等，缺少一项扣1分； 2.未建立法规清单和文本档案的，扣3分；存在遗漏、不适用、过期、失效等的，每项扣1分； 3.企业未及时发布法规清单和文本档案的，扣2分	

续上表

评价类目	评价项目		释义	评价方法	标准分值	评价标准	得分
四、资质、法律法规与安全生产管理制度（65分）	2.法律法规及标准规范	②企业应及时对从业人员进行适用的安全生产法律法规、规范标准宣贯，并根据法规标准和相关要求及时制修订本企业安全生产管理制度	企业应将安全生产法律法规、标准规范及相关要求，及时转化为本单位的规章制度，并贯彻到各项工作中	查资料： 1.培训或宣贯记录； 2.企业安全生产管理制度文件及制修订记录	5	1.企业未开展法律法规培训或宣贯，每项扣1分； 2.安全生产管理制度未体现适用的法规要求、未及时修订等，每项扣1分	
	3.安全管理制度	①企业应制定安全生产与职业卫生管理制度	安全生产管理制度，是企业依据国家有关法律、法规、标准，结合安全生产工作实际，以企业名义起草颁发的有关安全生产的规范性文件。 企业是安全生产的责任主体，建立健全安全管理制度是企业的法定责任，是规范从业人员的生产作业行为，保证生产经营活动安全、顺利进行的重要手段。《中华人民共和国安全生产法》规定：企业应制定健全的安全生产管理制度，规范从业人员的安全行为，并将制度发放到有关的工作岗位	查资料： 安全生产与职业卫生管理规章制度文件，至少应包括以下内容： a.安全生产方针与目标管理制度； b.识别和获取适用的法律法规、标准管理制度； c.安全生产奖惩管理制度； d.安全生产责任制管理制度	5	1.安全生产与职业卫生管理制度每缺一项，扣2分（其他评价内容中已有的不重复扣分；名称不要求一样，但内容应涵盖）； 2.安全生产管理制度内容不完善、未明确责任部门、职责、工作要求等内容的，每项扣1分； 3.安全生产管理制度的编制、审批和签发记录，未按规定进行的，每项扣1分	

续上表

评价类目	评价项目	释义	评价方法	标准分值	评价标准	得分
四、资质、法律法规与安全生产管理制度（65分）	3.安全管理制度		e.安全生产会议制度； f.安全生产教育培训制度； g.安全生产资金投入保障制度； h.特种作业人员管理制度； i.安全生产监督检查管理制度； j.生产安全事故隐患排查治理制度； k.风险评价管理制度； l.劳动防护用品配备管理制度； m.防火、防爆管理制度； n.安全设备管理制度； o.危险作业管理制度			

续上表

评价类目	评价项目	释义	评价方法	标准分值	评价标准	得分
四、资质、法律法规与安全生产管理制度（65分）	3.安全管理制度		p. 安全生产职业卫生管理制度； q. 职业健康体检管理制度； r. 事故应急救援管理制度； s. 危险化学品安全管理制度			
		②企业制定的安全生产管理制度应符合国家现行的法律法规的要求	安全生产管理制度是企业依据国家有关法律、法规、标准并结合安全生产工作实际，以企业名义起草颁发的有关安全生产的规范性文件	**查资料**： 企业安全生产管理规章制度与相应法律、法规、标准、规范的符合性	5	安全生产管理规章制度与法规要求不符，每处扣1分	
		③企业应组织从业人员进行安全生产管理制度的学习和培训	企业应组织从业人员进行安全生产管理制度的学习、培训或宣贯，使其了解相关的制度要求	**查资料**： 查阅管理制度发放、相关的培训、会议、宣贯等记录、资料	5	1. 未开展安全生产管理制度培训、学习、交流或宣贯，每缺1项扣1分； 2. 安全生产管理制度发放不到位，缺1项扣1分	

续上表

评价类目	评价项目		释义	评价方法	标准分值	评价标准	得分
四、资质、法律法规与安全生产管理制度（65分）	4.操作规程	①企业应根据生产工艺特点和岗位风险，编制岗位安全生产操作规程、重要设备设施安全操作规程和职业卫生操作规程	安全操作规程是指在生产活动中，为消除能导致人身伤亡或造成设备、财产损失以及危害环境的因素而制定的具体技术要求和实施程序的统一规定。企业应根据生产特点，组织制定岗位安全操作规程，发放到相关岗位，保证其有效实施。操作规程中应明确：操作前的检查及准备工作的程序和方法；操作中严禁的行为；必需的操作步骤和操作方法；操作注意事项；正确使用劳动防护用品的要求；出现异常情况时的应急措施	**查资料：** 1. 岗位、设备设施安全生产操作规程和职业卫生操作规程； 2. 抽查安全生产关键岗位安全生产操作规程能否满足相关的国家和行业标准规范； 3. 核查操作规程是否符合企业实际情况	5 ★★★	1.应制定现场作业岗位和设备设施操作规程，操作规程应符合相关标准规范要求，并符合企业实际状况； 2. 操作规程应包含安全作业相关要求	

续上表

评价类目	评价项目	释义	评价方法	标准分值	评价标准	得分
四、资质、法律法规与安全生产管理制度（65分）	4.操作规程	②企业应在新技术、新材料、新工艺、新设备设施投产或投用前，组织编制相应的操作规程，保证其适用性	生产经营单位采用新工艺、新技术、新材料或者使用新设备，必须了解、掌握其安全技术特性，采取有效的安全防护措施，根据实际状况编制相应的操作规程，并保证其适用性	现场检查结合询问：企业新技术、新材料、新工艺、新设备设施投产或使用情况。查资料："四新"相关的操作规程，评价其符合性、适用性	5	1.未编制或未在"四新"投产投用前编制相应操作规程，每个扣2分； 2.操作规程存在不符合、不适用的，每处扣1分； 3.操作规程未包含安全作业相关要求，缺1个扣1分	
		③企业应在作业场所醒目位置设置操作规程	企业应在作业场所醒目位置设置操作规程，便于作业人员能够学习和熟悉操作规程要求，掌握操作技能，严格按操作规程的要求进行作业	查资料：查看作业现场作业规程设置情况	5	1.作业场所未设置操作规程，不得分； 2.作业场所操作规程未设置在相应的岗位或区域的醒目位置，扣2分	

续上表

评价类目	评价项目		释义	评价方法	标准分值	评价标准	得分
四、资质、法律法规与安全生产管理制度（65分）	4.操作规程	④企业应及时将操作规程发放到相关岗位，组织对从业人员进行操作规程的培训	岗位安全操作规程应以纸质版发放到岗位人员，宜将规程的主要内容制成目视化看板、展板等放置在作业现场，并组织岗位安全操作规程的培训教育。新员工、转复岗人员、"四新"作业人员到岗位作业前，进行岗位安全操作规程的培训教育后方可上岗，其他岗位作业人员应定期进行安全操作规程的再教育，以确保每个岗位作业人员熟悉并执行本岗位安全操作规程	**查资料**：查岗位安全操作规程的发放记录；学习培训记录。**现场检查**：现场操作重点岗位是否配备相应的岗位操作规程。**询问**：抽查现场作业重点岗位人员不少于3人，是否熟悉本岗位操作规程	5	1.操作规程未及时发放或发放不到位的，每个岗位扣2分；2.未开展岗位操作规程培训学习的，每人次扣1分；3.重要岗位操作人员不熟悉岗位操作规程的，每人次扣2分	

续上表

评价类目	评价项目	释义	评价方法	标准分值	评价标准	得分
四、资质、法律法规与安全生产管理制度（65分）	5.修订	企业应定期对安全管理制度和操作规程进行评审，并根据评审结论及时进行修订，确保其有效性、适应性和符合性。在发生以下情况时，应及时对相关的管理制度或操作规程进行评审、修订： a.国家相关法律、法规、规程、标准废止、修订或新颁布； b.企业归属、体制、规模发生重大变化； c.生产设施新建、改建、扩建规模、作业环境已发生重大改变	任何制度都要经历一个从建立到不断完善的过程，任何制度的内容和形式都需要根据企业经营的变化而不断废止和更新。及时修订企业规章制度有助于规范化管理企业，是企业各项工作正常有效开展的基础，是企业健康有序发展的有力保障，是提高工作效率和作质量，降低业务运作风险的重要管理手段。对制度的有效性、适宜性、充分性进行不断的评审与更新，是企业不可忽视的工作	现场检查结合询问： 了解是否发生需要修订制度或规程的情况。 查资料： 对安全生产管理制度和操作规程进行有效性、实用性、符合性评审和修订的相关记录	5	1.未对安全生产管理制度、操作规程定期进行有效性、符合性评审，导致不满足法律法规要求的，每个扣3分； 2.未及时开展对安全生产管理制度和操作规程进行修订，每个扣1分	

续上表

评价类目	评价项目		释 义	评价方法	标准分值	评价标准	得分
四、资质、法律法规与安全生产管理制度(65分)	5.修订		d.设备设施发生变更; e.作业工艺、危险有害特性发生变化; f.政府相关行政部门提出整改意见; g.安全评价、风险评估、体系认证、分析事故原因、安全检查发现涉及规章制度、操作规程的问题; h.其他相关事项				

续上表

评价类目	评价项目	释义	评价方法	标准分值	评价标准	得分
四、资质、法律法规与安全生产管理制度（65分）	6.制度执行及档案管理	①企业每年至少开展一次对安全生产法律法规、标准规范、规章制度、操作规程的执行情况进行检查	企业每年至少开展一次组织对安全生产法律法规、标准规范、规章制度、操作规程的执行情况进行检查	查资料： 1.对适用的安全生产法律、法规、标准、规章制度、操作规程的执行情况进行检查或评价的记录、报告等； 2.对检查评价出的不符合项进行原因分析，制定相应纠正措施并组织实施的记录或证据资料	5	1.未开展法规符合性检查或评价的，不得分；检查内容不齐全不完善的，每项扣1分； 2.对检查或评价出的不符合项未进行原因分析的，每项扣1分； 3.未制定纠正措施，或纠正措施不落实，每项扣1分	
		②企业应建立和完善各类台账和档案，并按要求及时报送有关资料和信息	企业应建立主要安全生产过程、检查的安全记录档案，并加强对安全记录的有效管理	查资料： 1.安全生产过程的各类记录、台账和档案等； 2.企业按要求报送的有关信息和资料	5 AR	1.未按照法律法规要求建立台账和档案的，每项扣0.5分； 2.记录台账等保存不完善，每缺1项扣0.5分； 3.未及时报送有关资料和信息，每次扣0.5分	

续上表

评价类目	评价项目		释义	评价方法	标准分值	评价标准	得分
五、安全投入（40分）	1.资金投入	①企业应按规定足额提取（列支）安全生产费用	根据《中华人民共和国安全生产法》第二十条规定：生产经营单位应当具备的安全生产条件所必需的资金投入，由生产经营单位的决策机构、主要负责人或者个人经营的投资人予以保证，并对由于安全生产所必需的资金投入不足导致的后果承担责任。有关生产经营单位应当按照规定提取和使用安全生产费用，专门用于改善安全生产条件。安全生产费用在成本中据实列支。提取标准应符合《企业安全生产费用提取和使用管理办法》	查资料： 1. 安全生产费用管理制度； 2. 安全生产费用台账； 3. 财务安全费用列支记录	15 ★★	1. 应有安全生产费用管理制度，制度中应包含职责、提取比例、使用范围、过程管理、监督检查等内容，每缺1项扣2分； 2. 安全生产费用提取比例应满足规定要求，不符合要求不得分	

续上表

评价类目	评价项目		释义	评价方法	标准分值	评价标准	得分
五、安全投入（40分）	1.资金投入	②安全生产经费应专款专用，企业应保证安全生产投入的有效实施。企业应建立安全生产投入的保障制度，其中安全经费使用范围应包括： a.从业人员安全生产教育和培训； b.为从业人员配备劳动防护用品； c.安全设备维护、检测； d.生产安全事故隐患排查治理技术措施； e.配备必要的应急救援器材、设备和物资及其维护； f.其他和安全生产相关的活动	《企业安全生产费用提取和使用管理办法》规定：企业提取的安全费用应当专户核算，按规定范围安排使用，不得挤占、挪用。年度结余资金结转下年度使用，当年计提安全费用不足的，超出部分按正常成本费用渠道列支	查资料： 1.安全生产费用管理制度； 2.安全生产费用台账； 3.安全生产费用使用原始票据。 询问： 安全管理部门和财务管理部门对安全生产费用使用情况	10	1.未明确责任部门或专人负责安全生产费用管理的，扣2分； 2.未按规定范围使用安全生产费用（超范围使用或挪用），每项扣2分	

续上表

评价类目	评价项目		释　义	评价方法	标准分值	评价标准	得分
五、安全投入（40分）	1.资金投入	③企业应建立用于改善安全生产和职业卫生条件的安全生产投入费用计划，并及时投入满足安全生产条件的所需资金	根据《中华人民共和国安全生产法》第二十条规定：生产经营单位应当具备的安全生产条件所必需的资金投入，由生产经营单位的决策机构、主要负责人或者个人经营的投资人予以保证，并对由于安全生产所必需的资金投入不足导致的后果承担责任； 《企业安全生产费用提取和使用管理办法》第二十六条规定：在本办法规定的使用范围内，企业应当将安全费用优先用于满足安全生产监督管理部门、煤矿安全监察机构以及行业主管部门对企业安全生产提出的整改措施或者达到安全生产标准所需的支出； 《企业安全生产费用提取和使用管理办法》第三十二条规定：企业应当加强安全费用管理，编制年度安全费用提取和使用计划，纳入企业财务预算	查资料： 1.安全生产费用使用计划； 2.安全生产费用台账。 询问： 1.安全生产费用管理部门对安全生产费用使用情况； 2.生产管理部门对安全生产费用使用情况。 现场检查： 国家法律法规、标准规范要求的安全防护设备设施、劳动防护用品、人员设置、应急等配备及投入情况	5 AR	1.未制定安全生产费用使用计划的扣2分； 2.安全生产费用使用计划内容缺失的，每缺1个方面扣0.5分； 3.未按照法律法规、标准规范要求和监管部门提出的安全措施进行投入的，每项扣0.5分	

续上表

评价类目	评价项目		释义	评价方法	标准分值	评价标准	得分
五、安全投入(40分)	2.费用管理	①企业应建立安全生产费用台账	《企业安全生产费用提取和使用管理办法》第三十六条规定:企业未按本办法提取和使用安全费用的,安全生产监督管理部门、煤矿安全监察机构和行业主管部门会同财政部门责令其限期改正,并依照相关法律法规进行处理、处罚。 为有效地管理安全生产专项经费的使用,保证专款专用,企业应建立安全费用使用台账,一方面便于管理部门的监督管理,一方面有利于安全生产投入的统计分析,为以后该项费用的提取及管理使用提供参考依据,更有效地改善安全生产条件	查资料: 1.安全生产费用台账; 2.财务支出证明或相关证明材料	5	1.未建立安全生产费用台账,不得分; 2.安全生产费用提取和使用台账、使用凭证不一致的,每项扣1分; 3.财务系统或报表中未完整体现安全生产费用提取、使用、结余等归类统计管理的,扣2分	

续上表

评价类目	评价项目	释　义	评价方法	标准分值	评价标准	得分
五、安全投入（40分）	2.费用管理	②企业应跟踪、监督安全生产费用使用情况。企业安全生产费用应按照"企业提取、政府监管、确保需要、规范使用"的原则进行管理,安全生产费用应按照以下范围使用： a.完善、改造和维护安全防护设施设备支出(不含"三同时"要求初期投入的安全设施),包括交通运输设施设备和装卸工具安全状况检测及维护系统、运输设施设备和装卸工具附属安全设备等支出； b.配备、维护应急救援器材、设备支出和应急演练支出；	《企业安全生产费用提取和使用管理办法》第三十五条规定:各级财政部门、安全生产监督管理部门、煤矿安全监察机构和有关行业主管部门依法对企业安全费用提取、使用和管理进行监督检查。 企业应依据使用范围定期对安全生产费用使用情况进行监督检查,确保专款专用	**查资料**： 安全生产专项经费使用情况的监督检查（或审计）记录	5	1.企业未规定定期对安全生产费用使用情况进行监督检查的,扣2分； 2.企业无安全生产费用监督检查记录的,每缺1次扣1分	

续上表

评价类目	评价项目		释　义	评价方法	标准分值	评价标准	得分
五、安全投入（40分）	2.费用管理	c.开展重大危险源和事故隐患评估、监控和整改支出； d.安全生产检查、评价（不包括新建、改建、扩建项目安全评价）、咨询和标准化建设支出； e.配备和更新现场作业人员安全防护用品支出； f.安全生产宣传、教育、培训支出； g.安全生产适用的新技术、新标准、新工艺、新装备的推广应用支出； h.安全设施及特种设备检测检验支出； i.其他与安全生产直接相关的支出					

续上表

评价类目	评价项目		释义	评价方法	标准分值	评价标准	得分
六、装备设施（145分）	1.安全设施	① 应按 GB/T 16739.1—2014 和 GB/T 16739.2—2014 的要求配置满足生产需要的场地和设施设备	《中华人民共和国道路运输条例》第三十七条规定：申请从事机动车维修经营的，应当具备下列条件： （一）有相应的机动车维修场地； （二）有必要的设备、设施和技术人员； （三）有健全的机动车维修管理制度； （四）有必要的环境保护措施。 《机动车维修管理规定》第十一条规定的申请从事汽车维修经营业务或者其他机动车维修经营业务的应符合的条件，其中前两款规定： （一）有与其经营业务相适应的维修车辆停车场和生产厂	查资料： 1.场地产权证明材料或租赁协议（租赁期限不得少于1年）及场地平面图、照片； 2.设施设备档案、台账； 3.维修检测设备及计量设备检定合格证明复印件。 查现场： 安全生产设施设备条件应符合 GB/T 16739.1—2014 和 GB/T 16739.2—2014 所规定的要求	10 ★★	1.无业务接待室（客户休息室）不得分；接待室面积与经营类别不相符合的扣2分；接待室里未按要求明示相关内容的，每缺少1项扣0.5分； 2.停车场地与承修车型、经营规模不相适应的，扣2分；租赁的停车场地无合同或者租赁期限少于1年的，扣5分； 3.企业维修厂房不能满足生产作业需要的，扣2分；租赁的厂房无合同或者租赁期限少于1年的，扣5分	

续上表

评价类目	评价项目		释 义	评价方法	标准分值	评 价 标 准	得分
六、装备设施(145分)	1.安全设施		房。租用的场地应当有书面的租赁合同,且租赁期限不得少于1年。停车场和生产厂房面积按照国家标准《汽车维修业开业条件》(GB/T 16739—2014)相关条款的规定执行。 (二)有与其经营业务相适应的设备、设施。所配备的计量设备应当符合国家有关技术标准要求,并经法定检定机构检定合格。从事汽车维修经营业务的设备、设施的具体要求按照国家标准《汽车维修业开业条件》(GB/T 16739—2014)相关条款的规定执行;从事其他机动车维修经营业务的设备、设施的具体要求,参照国家标准《汽车维修业开业条件》(GB/T 16739—2014)执行,但所配备设施、设备应与其维修车型相适应			4.未建立设施设备档案、台账的,扣2分;设施设备不满足《汽车维修业开业条件》(GB/T 16739—2014)要求的,扣5分; 5.所配备的汽车维修计量设备未定期进行检验的,每种扣1分	

续上表

评价类目	评价项目		释义	评价方法	标准分值	评价标准	得分
六、装备设施（145分）	1.安全设施		企业按要求配备满足要求的场地和设施设备,相关条件应满足《汽车维修业开业条件 第1部分:汽车整车维修企业》(GB/T 16739.1—2014)中第六条安全生产技术条件和第八部分设施条件的要求,并符合相关法律法规要求				
		②企业机动车维修厂房经过消防验收,设施设备定期检查、维修。设置专人负责安全设施、器材的管理,且应规范管理	《汽车维修业开业条件 第1部分:汽车整车维修企业》(GB/T 16739.1—2014)第六条规定,使用与存储有毒、易燃、易爆物品和粉尘、腐蚀剂,污染物、压力容器等,均应具备相应的安全防护措施和设施。安全防护设施应有明显的警示、禁令标志。生产厂房和停车场应符合安全生产、消防等	查资料： 1.安全防护、消防设施设备的检查维护台账。 2.维修厂房消防验收材料。 查现场： 安全防护、消防设施设备、配备和使用情况	10	1.无安全防护、消防设施设备的检查维护台账,扣3分。 2.无消防验收材料,不得分。 3.安全防护、消防设施失效的,每处扣2分	

续上表

评价类目	评价项目		释　义	评价方法	标准分值	评价标准	得分
六、装备设施(145分)	1.安全设施		各项要求,安全、消防设施的设置地点应明示管理要求和操作规程。"消防设施",是指消防通道、消防通信、消防水源、消防栓等消防基本设施。"消防器材",是指灭火器、消防车、举高车等灭火救援器材。《中华人民共和国消防法》规定,消防产品必须符合国家标准;没有国家标准的,必须符合行业标准。禁止生产、销售或者使用不合格的消防产品以及国家明令淘汰的消防产品。停车场和维修车间应配备符合要求的安全防护设施和消防设施,并定期对其进行维护,确保状况良好				

续上表

评价类目		评价项目	释义	评价方法	标准分值	评价标准	得分
六、装备设施（145分）	1.安全设施	③设置专人负责安全设施、器材的管理，且应规范管理	企业应安排专职部门或专人负责安全设备设施的采购、维护、更新，并建立相关的管理制度进行规范化管理	查现场： 1.专人负责安全设施、器材的管理有关文件； 2.安全设施、器材检查记录台账。 查现场： 对安全设施、器材完好情况进行查验	5	1.无专人负责安全设施、器材的管理记录，不得分； 2.抽检中发现安全设施、器材存在不能正常工作的、检验不合格的、检验标签未张贴悬挂的一处扣2分； 3.安全设施、器材存在超期使用或应淘汰仍继续使用的，不得分	
		④厂区内危险作业部位设置视频监控，并保持实时监控	机动车维修企业应在厂区内危险作业部位应安装视频监控设备，保持实时监控，确保对危险作业过程进行有效的监督，有效防控危险因素。应建立健全视频档案管理，对视频监控中发现的问题和处理情况进行记录，建立视频监控记录档案	查资料： 1.查看企业视频监控设备管理制度及台账； 2.视频监控设备维护记录。 查现场： 现场查看设备设施的运行使用情况。 询问： 抽查相关工作人员对视频监控设备使用管理熟悉程度及工作状况	5	1.危险作业部位无视频监控不得分； 2.未实时监控的或无监控记录的，有1项扣2分； 3.无视频监控维护记录的，扣2分	

续上表

评价类目	评价项目	释 义	评价方法	标准分值	评价标准	得分
六、装备设施（145分）	1.安全设施	⑤企业不得占用、堵塞、封闭疏散通道、安全出口、消防车通道	《中华人民共和国消防法》第十八条规定：企业应保障疏散通道、安全出口、消防车通道畅通，保证防火防烟分区、防火间距符合消防技术标准；第二十八条规定，任何单位、个人不得损坏、挪用或者擅自拆除、停用消防设施、器材，不得埋压、圈占、遮挡消火栓或者占用防火间距，不得占用、堵塞、封闭疏散通道、安全出口、消防车通道。人员密集场所的门窗不得设置影响逃生和灭火救援的障碍物	查现场：现场查看应急通道、安全出口、消防车通道。询问：抽查部分工作人员对应急通道设置及使用管理要求的知晓情况	5	1.无应急通道、安全出口、消防车通道的，不得分；应急通道、安全出口、消防车通道标识不规范的，每处扣1分； 2.存在占用、堵塞、封闭疏散通道、安全出口、消防车通道的，扣5分； 3.工作人员对应急通道设置及使用管理要求不知晓的，每人次扣1分	
		⑥企业应按照（GB 50016—2014）配备相应的消防设备设施，并定期维修，确保状况良好	企业应按《建筑设计防火规范》（GB 50016—2014）的要求，根据企业维修厂房和作业车间等建筑规格，设置符合标准要求的消防设施，并经过消防验收合格。消防设施应定期进行维护，确保状况良好，可随时投入使用	查资料：1.消防验收相关材料；2.消防器材定期检查记录。查现场：现场查看消防设施的设置情况及状况良好情况	5	1.无消防设备验收材料的不得分； 2.无消防设备检查记录，扣3分； 3.现场检查发现消防器材配备不齐全或消防设备设施状况异常，无法正常使用，不得分	

续上表

评价类目	评价项目	释　义	评价方法	标准分值	评价标准	得分
六、装备设施（145分）	2.汽车喷烤漆房	①企业的汽车喷烤漆房应符合JT/T 324—2008的要求，每天进行例检，记录点火延迟等现象	每天进行汽车喷烤漆房安全检查，做好日常操作记录、日常维护记录、故障记录和维修记录。其中：日常操作记录包括：设备的开、关机时间；操作人员、设备工作状态等；日常维护记录包括：维护时间、项目、人员、设备工作状态等；故障记录包括：故障时间、现象、频率等；维修记录包括：时间、维修人员、故障表现、维修内容、零部件更换及故障排除情况和结论等	查资料： 1.汽车喷烤漆房管理及维护制度； 2.例检制度及例行检查记录	5	1.未建立例检制度，扣2分； 2.无例检记录或例行检查记录不连续的，不得分	
		②汽车喷烤漆房应设置安全警示标识，标识应符合GBZ 158—2003和GB 2894—2008的相关要求	汽车喷烤漆房应设置符合要求的安全警示标识，安全标识应符合《安全标志使用导则》（GB 2894—2008）的相关要求，职业危害警示标志应符合《工作场所职业危害警示标示》（GBZ 158—2003）的相关规定	查现场： 现场查看汽车喷烤漆房安全标志和警示标示的设置情况	5	1.汽车喷烤漆房安全标志和警示标示未设置不得分。 2.汽车喷烤漆房警示标志设置不符合规范要求的，每1处扣1分	

续上表

评价类目	评价项目	释 义	评价方法	标准分值	评价标准	得分
六、装备设施(145分)	2.汽车喷烤漆房	③企业送风系统的驱动电机内置时,驱动电机应选用防爆型,绝缘等级不低于相关要求。采用非防爆型驱动电动机时,驱动电机应外置	《汽车喷烤漆房》(JT/T 324—2008)规定,喷烤漆房送、排风系统应符合下列条件： (1)送风系统的驱动电动机内置时,应选用防爆型,绝缘等级不低于F级。采用非防爆型驱动电动机时,电动机应外置。 (2)排风系统不得采用轴流式风机,驱动电动机应外置。 (3)电动机总输入功率超过11kW时,不得直接启动,应采用启动补偿装置或分时启动方法。 (4)风机外壳上应标示旋转方向。 (5)进风口应装有防鸟网。 (6)排气口与进气口落差不小于3m	查资料： 查看喷烤漆房送风系统安装技术文件。 查现场： 现场查看喷烤漆房送风系统安装使用情况	5	1.汽车喷烤漆房无送风系统安装技术文件的,扣2分； 2.送风系统现场查看电动机安装不符合要求的,不得分	
		④企业排风系统不得采用轴流式风机,驱动电动机应外置		查资料： 查看喷烤漆房排风系统安装技术性文件。 查现场： 现场查看喷烤漆房排风系统安装使用情况	5	1.无排风系统安装技术文件的,扣2分； 2.现场查看驱动电动机安装不符合要求的,不得分	

续上表

评价类目	评价项目	释义	评价方法	标准分值	评价标准	得分
六、装备设施（145分）	2.汽车喷烤漆房	⑤企业汽车喷烤漆房应有排气净化装置,包括漆雾过滤与废气净化	《汽车喷烤漆房》(JT/T 324—2008)规定,喷烤漆房空气净化装置应符合下列条件: (1)进入作业区的空气应至少经过两级净化,初级净化不得采用浸油式过滤器;中级或高级净化应采用亚高效或高效过滤,过滤器容尘量应不小于$400s/m^2$。 (2)排气净化应包括漆雾过滤和有害挥发物净化装置。 (3)空气净化装置应便于定期更换	**查资料：** 查看喷烤漆房排气净化装置安全技术文件。 **查现场：** 现场查看喷烤漆房排气净化装置安装、使用情况	5	1.汽车喷烤漆房未安装排气净化装置的,不得分; 2.排气净化装置不包括漆雾过滤与废气净化的,每缺1项扣2分	
		⑥及时清理汽车喷烤漆房内的杂物,并定期清理汽车喷烤漆房烟道	应及时清理汽车喷烤漆房内的杂物,喷烤漆作业区不得存有易燃物品。定期清洁整个热能转换器,包括燃烧室及排烟通道,并视情更换喷烤漆房顶棉	**查资料：** 1.汽车喷烤漆房管理及维护制度; 2.汽车喷烤漆房烟道维护记录。 **查现场：** 现场查看汽车喷烤漆房及烟道管理情况	5	1.汽车喷烤漆房内有杂物的,扣3分; 2.汽车喷烤漆房烟道无维护记录或未及时清理的,扣2分	

续上表

评价类目	评价项目		释义	评价方法	标准分值	评价标准	得分
六、装备设施（145分）	2.汽车喷烤漆房	⑦汽车喷烤漆房应有永久性安全操作及维护的文字标志，并在醒目位置安装	《汽车喷烤漆房》（JT/T 324—2008）规定，永久性标牌应固定在喷烤漆房醒目位置（控制箱或安全门侧）。标牌应符GB/T 13306—2011 的规定。汽车喷烤漆房标志包括产品标志和包装标志。 产品标牌应包括下列内容： ①制造厂名； ②产品名称及型号； ③商标； ④制造时间和出厂编号； ⑤产品的主要技术参数。 包装图示标志除符合GB/T 191—2008 的有关规定外，应包含下列内容： ①产品名称及型号； ②制造厂名； ③箱号； ④毛重、净重； ⑤体积（长×宽×高）； ⑥收、发货单位； ⑦执行标准编号	查资料： 汽车喷烤漆房管理及维护制度。 查现场： 现场查看汽车喷烤漆房在醒目位置设置永久性安全操作、维护文字标志情况	5	1.汽车喷烤漆房无管理及维修制度的，扣2分； 2.汽车喷烤漆房未在醒目位置安装负责人基本信息及永久性安全操作、维护文字标志的，不得分	

续上表

评价类目	评价项目		释 义	评价方法	标准分值	评价标准	得分
六、装备设施（145分）	3.汽车举升机	①汽车举升机安全技术条件应满足JT/T 155—2004的要求,应在醒目位置设置安全警示标识	汽车举升机应满足JT/T 155—2004 的相关要求,举升机所有易损件应具有互换性,所有外协件及配套件应符合图样和技术文件要求,并有产品质量合格证。主要紧固件应有防松装置,并便于调整,需要进行拆装和调整的零件,不允许有因挤压、锤击或其他原因造成的永久变形。举升机外表应清洁,无明显损伤或缺陷,举升机应设有安全装置和安全标志。举升机应设有极限行程限位装置,该装置应动作灵敏,安全可靠。液压系统工作应平稳、无振动、无爬行现象。液压式举升机除液压系统能自锁外,还应设有机械锁止装置。机械师举升机任何工作点都能安全自锁。举升机应设有钢丝绳及链条突然断裂后的保险装置,且该装置安全可靠	**查资料：**举升机安全技术相关文件。**查现场：**查看举升机是否有安全警示标示	5	1.举升机安全技术条件不符合要求的,不得分；2.举升机旁未设置安全警示标示的,扣5分	

续上表

评价类目	评价项目	释 义	评 价 方 法	标准分值	评 价 标 准	得分
六、装备设施(145分)	3.汽车举升机	②企业汽车举升机的操作要符合 GB 27695—2011 的要求	《汽车举升机安全规程》(GB 27695—2011)规定,汽车举升机安全操作如下: ①操作人员操作举升机时,不应分散注意力。 ②操作人员体力和精神不适时,不应操作举升机。 ③操作人员应接受举升作业指挥信号。当汽车举升机的操作不需要指挥人员时,操作人员负有举升作业的责任。任何情况下,操作人员随时都应执行来自任何人发出的停止信号。 ④任何情况下,当怀疑有不安全情况时,操作人员在举升作业前应告知指派人员。 ⑤如对于电源切断装置或启动控制器有报警信号,在指定人员取消这类信号之前,操作人员不得接通电路或开动设备。	查资料: 查看举升机安全操作规程。 查现场: 现场查看举升机操作情况。 询问: 询问举升机操作人员关于举升机的操作要求	5	1.维修车间无举升机安全操作规程的,扣2分; 2.现场查看举升机操作不规范的,扣3分; 3.现场询问举升机操作人员,对举升机安全操作规程不熟悉的,每人次扣2分	

续上表

评价类目	评价项目	释义	评价方法	标准分值	评价标准	得分
六、装备设施(145分)	3.汽车举升机	⑥在接通电源或开动设备之前,操作人员应查看所有控制器,使其处于"零位"或空挡位置。确保所有现场人员均在安全区内。 ⑦在作业期间发生供电故障,操作人员应做到下列要求: a.应将所有的控制器手柄调回零位; b.如果可行,通过手动装置使举升车辆放到地面; c.操作人员应熟悉设备和设备的正常维护,如举升机需要调试或修理,操作人员应把情况迅速报告给管理人员并通知接班操作人员; d.在每一个工作开始,操作人员应试验所有的控制器,如果控制器不正常,应在举升机运行之前调试和修理				

续上表

评价类目		评价项目	释 义	评 价 方 法	标准分值	评价标准	得分
六、装备设施(145分)	3.汽车举升机	③定期对汽车举升机进行例检,并按要求进行检查维护,建立汽车举升机档案	为确保举升机安全技术条件和运行状况良好,应严格按照举升机的检验周期对其定期进行例检,确保状况良好。企业应对举升机进行定期的检查和维护,日常操作记录、日常维护记录、故障记录和维修记录,保证各项技术状态良好。建立汽车举升机档案,档案内容应齐全、完善	**查资料:** 1.汽车举升机档案; 2.定期安全检查记录。企业应定期(半年)排除举升机油缸积水,并检查油量,油量不足应及时加注相同牌号的压力油。同时应检查润滑、举升机传动齿轮及缝条; 3.举升机日常操作记录、日常维护记录、故障和维修护记录。 **查现场:** 实地检查举升机能否正常使用	10 ★	1.未定期检查汽车举升机的、设备不能正常使用的,不得分; 2.举升机安全技术条件存在问题的,扣5分; 3.汽车举升机检查记录、档案缺失或不完善的,扣5分	

续上表

评价类目	评价项目		释 义	评价方法	标准分值	评价标准	得分
六、装备设施(145分)	4.特种设备	①特种设备投入使用前或投入使用后30日内,应向负责特种设备安全监督管理部门办理使用登记,取得使用登记证书。登记标志应当置于该特种设备的显著位置	《中华人民共和国特种设备安全法》第三十三条规定,特种设备使用单位应当在特种设备投入使用前或者投入使用后三十日内,向负责特种设备安全监督管理的部门办理使用登记,取得使用登记证书。登记标志应当置于该特种设备的显著位置。 《特种设备安全监察条例》第二十五条规定:特种设备在投入使用前或者投入使用后30日内,特种设备使用单位应当向直辖市或者设区的市的特种设备安全监督管理部门登记。登记标志应当置于或者附着于该特种设备的显著位置	查资料: 查特种设备使用登记证书。 查现场: 现场查看特种设备登记标志	5 ★★★	未取得特种设备使用登记证书及特种设备登记标志的,不得分	

续上表

评价类目	评价项目		释义	评价方法	标准分值	评价标准	得分
六、装备设施(145分)	4.特种设备	②企业应建立特种设备档案和台账,并对特种设备及安全附件进行定期检验和维护。每月至少进行1次自查,并保存记录	《特种设备安全监察条例》规定:特种设备使用单位应当建立特种设备安全技术档案。安全技术档案应当包括以下内容: (一)特种设备的设计文件、制造单位、产品质量合格证明、使用维护说明等文件以及安装技术文件和资料; (二)特种设备的定期检验和定期自行检查的记录; (三)特种设备的日常使用状况记录; (四)特种设备及其安全附件、安全保护装置、测量调控装置及有关附属仪器仪表的日常维护记录; (五)特种设备运行故障和事故记录;	**查资料:** 1.特种设备档案、台账; 2.特种设备及安全附件定期检查和维护记录。 **查现场:** 查看特种设备及附件运行状况	5	1.特种设备使用管理台账内容记录不全的,一处扣2分。 2.无特种设备档案的,扣3分	

续上表

评价类目	评价项目		释义	评价方法	标准分值	评价标准	得分
六、装备设施（145分）	4.特种设备		（六）高耗能特种设备的能效测试报告、能耗状况记录以及节能改造技术资料。 《特种设备安全监察条例》规定：特种设备使用单位应当对在用特种设备进行经常性日常维护，并定期自行检查。特种设备使用单位对在用特种设备应当至少每月进行1次自行检查，并作出记录。特种设备使用单位在对在用特种设备进行自行检查和日常维护时发现异常情况的，应当及时处理。特种设备使用单位应当对在用特种设备的安全附件、安全保护装置、测量调控装置及有关附属仪器仪表进行定期校验、检修，并做出记录				

续上表

评价类目	评价项目		释义	评价方法	标准分值	评价标准	得分
六、装备设施(145分)	4.特种设备	③企业应对在用特种设备及其安全附件、安全保护装置进行定期校验、检修,并做出记录	《中华人民共和国特种设备安全法》规定:特种设备使用单位应当使用取得许可生产并经检验合格的特种设备,禁止使用国家明令淘汰和已经报废的特种设备;应当对其使用的特种设备进行经常性维护和定期自行检查,并做出记录;应当对其使用的特种设备的安全附件、安全保护装置进行定期校验、检修,并做出记录。特种设备使用单位应当按照安全技术规范的要求,在检验合格有效期届满前一个月向特种设备检验机构提出定期检验要求。特种设备使用单位应当将定期检验标志置于该特种设备的显著位置。未经定期检验或者检验不合格的特种设备,不得继续使用	查资料: 特种设备检验、检测报告或记录。 查现场: 1.特种设备定期检验标志是否置于该特种设备显著位置; 2.特种设备未经检测或已达到报废标准仍继续违规使用情况	10 ★★★	1.不能提供特种设备检验、检测报告或记录的,不得分; 2.特种设备登记标志未附着于该特种设备的显著位置的,不得分; 3.特种设备未经检测或已达到报废标准仍继续违规使用的,不得分	

续上表

评价类目	评价项目		释义	评价方法	标准分值	评价标准	得分
六、装备设施（145分）	4.特种设备	④建立特种设备管理制度,指定专人对特种设备进行管理	特种设备应设专人进行管理,《中华人民共和国特种设备安全法》规定:特种设备安全管理人员应当对特种设备使用状况进行经常性检查,发现问题应当立即处理;情况紧急时,可以决定停止使用特种设备并及时报告本单位有关负责人。特种设备作业人员在作业过程中发现事故隐患或者其他不安全因素,应当立即向特种设备安全管理人员和单位有关负责人报告;特种设备运行不正常时,特种设备作业人员应当按照操作规程采取有效措施保证安全	查资料: 1.查特种设备管理制度; 2.查企业特种设备使用管理人员名册或任命文件。 查现场: 查看特种设备的日常管理情况。 询问: 抽查相关工作人员对特种设备使用、管理熟悉程度	5	1.无特种设备管理制度,扣2分; 2.无专人管理相关工作记录的不得分; 3.相关工作人员对特种设备使用、管理不熟悉的,每人次扣2分	

续上表

评价类目		评价项目	释义	评价方法	标准分值	评价标准	得分
六、装备设施（145分）	5.电气管理	①企业用电管理应符合 GB/T 13869—2017 的要求，喷烤漆房内应设置防爆照明灯具及其他防爆电气设备	根据《汽车喷烤漆房》（JT/T 324—2008）规定的相关要求，喷烤漆房内照明系统应符合下列要求：①作业区照明应选用安装在密封罩壳内的荧光灯。②作业区照明电路应选用耐高温导线，导线应装在绝缘护套（管）内并固定。③照明电路应采用单独的断路器或熔断器作短路保护，不得借用其他电路的保护器件。④照明灯具箱的玻璃应防爆	查资料：喷烤漆房设备设施档案。查现场：现场查看喷烤漆房防爆照明灯具和其他防爆设备	10 AR	1.喷烤漆房未按要求安装防爆照明灯具和其他防爆电气设备的，不得分；2.防爆电气设备存在缺陷或问题，每发现1处扣1分	
		②企业电气设备的线路布置应符合 GB 50055—2011 的要求，电气线路应穿非燃管保护，易燃易爆场所应选用防爆型或封闭式电气设备和开关	电气设备的线路布置应符合 GB 50055—2011 的要求，电动机、起重机、电镀等配电线路应符合标准要求。电气线路应穿非燃管保护，易燃易爆场所应选用防爆型或封闭式电气设备和开关	查现场：查看电气线路的铺设情况	10	1.电气线路铺设不符合要求的，每发现1处扣2分；2.易燃易爆场所未选用防爆型或封闭式电气设备和开关的，每处扣2分	

续上表

评价类目	评价项目		释 义	评价方法	标准分值	评价标准	得分
六、装备设施（145分）	5.电气管理	③在爆炸性环境中对设备的修理、检修、修复和改造时,应符合 AQ 3009—2007 的要求	在爆炸性环境中对设备的检修、修复和改造时,应符合《危险场所电气防爆安全规范》（AQ 3009—2007）中 7.1 检查要求和 7.2 维护要求,其中防爆设备的检修规定,维护时发现防爆电气设备因外力损伤、大气锈蚀、化学腐蚀、机械磨损、自然老化等原因导致防爆性能下降或失效时,应予以检修。经检修不能恢复原有等级的防爆性能可根据原有等级的防爆性能,可降低防爆性能等级,或降为非防爆电气设备使用	查资料： 1.查企业爆炸性环境中设备的修理、检修、修复、改造等记录； 2.危险作业审批表。 查现场： 爆炸性环境中的作业条件	5	1.爆炸性环境中未按标准规范对设备的修理、检修、修复和改造的,不得分； 2.无爆炸性环境中设备的修理、检修、修复、改造等记录的,扣3分	

续上表

评价类目	评价项目		释 义	评价方法	标准分值	评价标准	得分
七、科技创新与信息化（35分）	1.科技创新及应用	①使用先进的、安全性能可靠的新技术、新工艺、新设备和新材料，优先选购安全、高效、节能的先进设备，不应使用明令淘汰的设备及工艺	为贯彻落实"安全第一、预防为主、综合治理"安全生产方针,实现本质安全化,企业在设备设施等选型方面,应优先考虑技术先进、安全性能可靠的设备设施及工艺材料等。新技术、新工艺和新设备可最大限度从设计阶段强化安全保障,即使生产过程中发生故障和违规操作,也不会发生事故,实现本质安全。安全可靠的新材料,可降低原料的危害性,从源头降低风险性。《中华人民共和国安全生产法》第三十五条规定:国家对严重危及生产安全的工艺、设备实行淘汰制度,具体目录由国务院安全生产监督管理部门会同国务院有关部门制定并公	查资料：企业采用及购置新技术、新工艺、新设备和新材料相关文件资料。查现场：企业新技术、新工艺、新设备和新材料使用情况	10	1.未使用先进的、安全性能可靠的新技术、新工艺、新设备和新材料的,扣5分；2.未优先选购安全、高效、节能的先进设备的,扣5分；3.使用应该淘汰的危及安全生产的工艺、设备的不得分	

续上表

评价类目	评价项目	释义	评价方法	标准分值	评价标准	得分
七、科技创新与信息化（35分）	1.科技创新及应用	布。省、自治区、直辖市人民政府可以根据本地区实际情况制定并公布具体目录，对前款规定以外的危及生产安全的工艺、设备予以淘汰。经营单位不得使用应当淘汰的危及生产安全的工艺、设备				
		②企业应采用先进的安全生产管理信息系统或平台，提高企业的安全管理效率	**查资料：**企业安全生产管理信息系统或平台建设、使用档案资料。**查现场：**信息化系统、平台使用情况 企业应建立或使用先进的安全生产管理信息系统或平台，包括安全生产风险管控和隐患排查治理双重预防机制系统、设备和人员档案数字化管理、在线培训教育平台、综合安全管理信息系统等安全生产管理信息系统平台，通过信息化手段，提高安全管理效率和效果，切实提升本单位安全管理水平	5	1.无企业安全生产管理信息系统或平台的，不得分；2.信息系统或平台未应用于安全生产管理的，扣3分	

续上表

评价类目	评价项目	释　义	评价方法	标准分值	评价标准	得分
七、科技创新与信息化（35分） 2.信息化	①应根据实际情况开展安全科技信息化系统的建设	《中华人民共和国安全生产法》第十五条规定：国家鼓励和支持安全生产科学技术研究和安全生产先进技术的推广应用，提高安全生产水平。 企业应根据安全管理需要，开展安全生产信息化建设，鼓励企业开展自动化、智能化、数字化的信息化计划运用于安全生产管理工作，例如开展作业现场视频监控智能数据采集与分析、作业人员"三违"行为采集与数据统计分析、智能化检测、识别系统或设施等	**查现场：** 安全科技信息化系统建设情况	10	1.未建立安全生产科技信息系统的，不得分； 2.建立的安全生产管理信息系统未有效使用的，扣5分	
	②建立健全安全监管信息化软硬件设备安全管理机制	建立安全监管信息化软硬件设备安全管理机制，通过软件信息化结合硬件设备设施，开展结合生产经营实际的信息化、智能化的发展	**现场检查：** 信息化软硬件设备建设情况	10	1.安全监管信息化软硬件设备未建立不得分； 2.安全监管信息化软硬件设施、系统未有效使用扣5分	

续上表

评价类目	评价项目		释义	评价方法	标准分值	评价标准	得分
八、教育培训（90分）	1.培训管理	①企业应按规定开展安全教育培训,明确安全教育培训目标、内容和要求,定期识别安全教育培训需求,制定并实施安全教育培训计划	企业应确定安全教育培训主管部门,按规定及岗位需要,定期识别安全教育培训需求,制定、实施安全教育培训计划,提供相应的资源保证。《中华人民共和国安全生产法》第十八条规定:生产经营单位的主要负责人对本单位安全生产工作负有下列职责:(三)组织制定并实施本单位安全生产教育和培训计划	查资料： 1. 安全教育培训制度； 2. 安全教育培训需求识别、汇总及分析； 3. 安全教育培训计划	5	1.未制定安全教育培训制度,扣3分； 2.安全教育培训制度内容未明确培训主管部门、培训需求和培训计划的制定等,每项扣1分； 3.未定期识别安全教育培训需求的,扣2分； 4.未根据安全教育培训需求制定培训目标、培训计划的,扣2分； 5.安全教育培训计划内容未覆盖生产经营范围,不具有操作性的,每项扣1分	

续上表

评价类目	评价项目	释 义	评价方法	标准分值	评价标准	得分
八、教育培训（90分）	1.培训管理	②企业应组织安全教育培训,保证安全教育培训所需人员、资金和设施	《安全生产培训管理办法》第十条规定:生产经营单位应当建立安全培训管理制度,保障从业人员安全培训所需经费,对从业人员进行与其所从事岗位相应的安全教育培训;《生产经营单位安全培训规定》第二十一条规定:生产经营单位应当将安全培训工作纳入本单位年度工作计划。保证本单位安全培训工作所需资金	**查资料:** 1.培训教育计划和记录; 2.安全费用投入计划。 **现场检查:** 询问管理、现场不同岗位3～5人接受安全教育的情况	5	1.未按照安全教育培训计划开展安全教育培训的,每项(或人)扣1分; 2.安全教育培训所需的必要人员、资金和设施未得到保证的,每项扣1分	
		③企业应做好安全教育培训记录,建立从业人员安全教育培训档案	《生产经营单位安全培训规定》第二十二条规定:生产经营单位应当建立健全从业人员安全生产教育和培训档案,由生产经营单位的安全生产管理机构以及安全生产管理人员详细、准确记录培训的时间、内容、参加人员以及考核结果等情况	**查资料:** 1.各类安全教育的记录; 2.从业人员安全教育培训档案	10 AR	1.未对安全教育培训做好记录的每次扣2分; 2.安全教育培训档案、记录不准确的(培训时间、培训内容、主讲老师、参训人员、考核结果)每项扣0.5分	

续上表

评价类目	评价项目	释义	评价方法	标准分值	评价标准	得分
八、教育培训（90分）	1.培训管理	④企业应组织对培训效果的后评估，改进提高培训质量	为了更好地落实实施继续教育培训计划，企业应在每次教育培训结束后，对培训效果进行评审，以便及时发现培训过程中存在的问题，制定解决或优化方案，调整培训计划，改进提高培训教育质量	查资料： 1.培训教育计划和记录； 2.培训效果评估记录、改进措施相关文件	5	1.无培训效果评估及改进措施，每缺1次扣1分； 2.培训效果评估不真实的或改进措施不具体的，每项扣0.5分	
	2.资格培训	①企业的特种设备作业人员应按有关规定参加安全教育培训，取得《特种设备作业人员证》后，方可从事相应的特种设备作业或者管理工作，并按规定定期进行复审	《特种设备作业人员监督管理办法》第二条规定：锅炉、压力容器（含气瓶）、压力管道、电梯、起重机械、客运索道、大型游乐设施、场（厂）内机动车辆等特种设备的作业人员及其相关管理人员统称特种设备作业人员。特种设备作业人员作业种类与项目目录见本办法附件。从事特种设备作业的人员应当按照本办法的规定，经考核合格取得《特种设备作业人员证》，方可从事相应的作业或者管理工作。	查资料： 1.特种设备作业人员档案； 2.特种设备作业人员的《特种设备作业人员证》	10 ★★	1.特种设备作业人员未取得《特种设备作业人员证》的，或《特种设备作业人员证》未定期复审的不得分； 2.未建立特种设备作业人员台账的（内容包括岗位、姓名、特种设备作业人员证编号、初次取证时间、复审时间、有效期等），每人次扣2分	

续上表

评价类目	评价项目	释　义	评价方法	标准分值	评价标准	得分
八、教育培训（90分）	2.资格培训	《特种设备作业人员监督管理办法》第二十二条规定：《特种设备作业人员证》每4年复审一次。持证人员应当在复审期满3个月前，向发证部门提出复审申请。复审合格的，由发证部门在证书正本上签章。对在2年内无违规、违法等不良记录，并按时参加安全培训的，应当按照有关安全技术规范的规定延长复审期限。 复审不合格的应当重新参加考试。逾期未申请复审或考试不合格的，其《特种设备作业人员证》予以注销。 跨地区从业的特种设备作业人员，可以向从业所在地的发证部门申请复审				

续上表

评价类目	评价项目		释　义	评价方法	标准分值	评价标准	得分
八、教育培训（90分）	2.资格培训	②企业的特种作业人员应经专门的安全技术培训并考核合格，取得《中华人民共和国特种作业操作证》后，方可上岗作业，并按规定定期进行复审。离开特种作业岗位6个月以上的特种作业人员，应重新进行实际操作考试，经确认合格后方可上岗作业	《中华人民共和国安全生产法》第二十七条规定：生产经营单位的特种作业人员必须按照国家有关规定经专门的安全作业培训，取得相应资格，方可上岗作业。 特种作业人员的范围由国务院安全生产监督管理部门会同国务院有关部门确定	查资料： 1.特种作业人员台账； 2.《特种作业操作证》	10 AR	1.特种作业人员未持证上岗或《特种作业操作证》到期未进行复审，每人扣1分； 2.离开特种作业岗位6个月以上的特种作业人员，未重新进行实际操作考试，经确认合格后上岗作业的每人扣1分； 3.未建立特种作业人员台账的（内容包括特种作业工种、姓名、特种作业操作证书编号、初次取证时间、复审时间、有效期等），每缺1人扣1分	

续上表

评价类目	评价项目		释义	评价方法	标准分值	评价标准	得分
八、教育培训（90分）	3.宣传教育	企业应组织开展安全生产的法律、法规和安全生产知识的宣传、教育	企业应将安全生产法律法规的培训学习要求，纳入到企业制定的安全学习培训制度中，将适用的安全生产法律法规、标准规范及其他要求及时传达给从业人员。企业应对新的重要的法律法规进行专门培训，并对学习情况进行考核	查资料：安全生产法律法规、标准及其他要求宣传、培训相关记录资料。询问：询问3~5人接受安全生产的法律、法规和安全生产知识的宣传、教育情况	5	1.无安全生产法律法规、标准及其他要求宣传、培训相关记录资料的（培训通知、培训签到表、培训记录表、培训效果评估），扣3分；2.至少随机抽查3~5名人员，不熟悉本岗位适用的安全生产法律法规、标准及其他要求的，每人扣1分	

续上表

评价类目	评价项目		释 义	评价方法	标准分值	评价标准	得分
八、教育培训（90分）	4.从业人员培训	①企业主要负责人和安全生产管理人员应具备与所从事的生产经营活动相适应的安全生产知识和安全生产管理能力，应由负有安全生产监督管理职责的部门对其安全生产知识和管理能力进行考核并达到合格，且每年应当接受不少于国家或地方政府规定学时的再教育培训	《中华人民共和国安全生产法》第二十五条规定：生产经营单位应当对从业人员进行安全生产教育和培训，保证从业人员具备必要的安全生产知识，熟悉有关的安全生产规章制度和安全操作规程，掌握本岗位的安全操作技能，了解事故应急处理措施，知悉自身在安全生产方面的权利和义务。未经安全生产教育和培训合格的从业人员，不得上岗作业。《中华人民共和国安全生产法》第二十四条规定：生产经营单位的主要负责人和安全生产管理人员必须具备与本单位所从事的生产经营活动相应的安全生产知识和管理能力。	**查资料：** 1. 主要负责人和安全管理人员考核合格证书； 2. 主要负责人和安全管理人员年度继续教育记录	5 ★★★	企业的主要负责人和安全生产管理人员未经主管负有安全生产监督管理职责的部门对其安全生产知识和管理能力考核合格的，企业的主要负责人和安全管理人员未接受年度再教育培训的，不得分	

续上表

评价类目	评价项目		释义	评价方法	标准分值	评价标准	得分
八、教育培训（90分）	4.从业人员培训		危险物品的生产、经营、储存单位以及矿山、金属冶炼、建筑施工、道路运输单位的主要负责人和安全生产管理人员，应当由主管的负有安全生产监督管理职责的部门对其安全生产知识和管理能力考核合格。考核不得收费				
		②从业人员上岗前应接受安全生产教育和培训，培训不合格的从业人员不得上岗作业。从业人员应每年接受再培训，培训时间不得少于规定学时	《中华人民共和国安全生产法》第二十五条规定，生产经营单位应当对从业人员进行安全生产教育和培训，保证从业人员具备必要的安全生产知识，熟悉有关的安全生产规章制度和安全操作规程，掌握本岗位的安全操作技能。未经安全生产教育和培训合格的从业人员，不得上岗作业。	查资料： 1.从业人员入岗前安全培训记录； 2.从业人员安全培训教育档案	5	1.无从业人员岗前安全培训记录的，每人次扣2分； 2.未按照培训计划要求组织开展从业人员年度再培训的，每少1次扣2分； 3.从业人员年度再培训少于规定学时的，每人次扣1分	

续上表

评价类目	评价项目		释 义	评价方法	标准分值	评价标准	得分
八、教育培训（90分）	4.从业人员培训		《生产经营单位安全培训规定》第九条规定：生产经营单位主要负责人和安全生产管理人员初次安全培训时间不得少于32学时。每年再培训时间不得少于12学时				
		③对离岗一年重新上岗、转换工作岗位的人员，应进行岗前培训。培训内容应包括安全法律法规、安全管理制度、岗位操作规程、风险和危害告知等，与新岗位安全生产要求相符合	《生产经营单位安全培训规定》规定：从业人员在本生产经营单位内调整工作岗位或离岗一年以上重新上岗时，应当重新接受车间（工段、区、队）和班组级的安全培训	查资料：从业人员安全培训教育档案	5	对离岗一年重新上岗、转换工作岗位的人员未进行岗前安全培训教育，每人次扣2分	

续上表

评价类目		评价项目	释 义	评价方法	标准分值	评价标准	得分
八、教育培训（90分）	4.从业人员培训	④应对新员工进行三级安全教育培训，经考核合格后，方可上岗。培训时间不得少于规定学时	《生产经营单位安全培训规定》第十二条规定：加工、制造业等生产单位的其他从业人员，在上岗前必须经过厂（矿）、车间（工段、区、队）、班组三级安全培训教育。生产经营单位应当根据工作性质对其他从业人员进行安全培训，保证其具备本岗位安全操作、应急处置等知识和技能。《生产经营单位安全培训规定》第十三条生产经营单位新上岗的从业人员，岗前安全培训时间不得少于24学时	查资料： 1.对新员工的三级安全教育培训记录； 2.三级安全教育培训后的考核记录； 3.员工名册，必要时抽查劳动合同	10 AR	1.未对新员工进行三级安全教育培训的，每人次扣1分； 2.存在三级安全教育培训考核不合格上岗员工的，每人次扣1分； 3.三级安全教育培训学时少于24学时的，每人次扣1分	
		⑤企业使用被派遣劳动者的，应纳入本企业从业人员统一管理，进行岗位安全操作规程和安全操作技能的教育和培训	《中华人民共和国安全生产法》第二十五条规定：生产经营单位使用被派遣劳动者的，应当将被派遣劳动者纳入本单位从业人员统一管理，对被派遣劳动者进行岗位安全操作规程和安全操作技能的教育和培训。劳务派遣单位应当对被派遣劳动者进行必要的安全生产教育和培训	查资料： 1.劳务派遣人员名单； 2.安全教育培训档案	5	劳务派遣人员未进行岗位安全操作规程和安全操作技能教育和培训的，每人次扣1分	

续上表

评价类目	评价项目	释义	评价方法	标准分值	评价标准	得分
八、教育培训（90分）	4.从业人员培训 ⑥应在新技术、新设备投入使用前，对管理和操作人员进行专项培训	《中华人民共和国安全生产法》第二十六条规定：生产经营单位采用新工艺、新技术、新材料或者使用新设备，必须了解、掌握其安全技术特性，采取有效的安全防护措施，并对从业人员进行专门的安全生产教育和培训	查资料： 1. 新技术、新设备投入使用资料； 2. 安全教育培训档案。 询问： 现场询问新技术、新设备岗位人员培训情况	5	1. 新技术、新设备投入使用前，未对管理和操作人员进行专项培训的，每人次扣2分； 2. 专项培训记录档案资料不完善的，每次扣1分	
	5.规范档案 企业应当建立安全生产教育和培训档案，如实记录安全生产教育和培训的时间、内容、参加人员以及考核结果等情况	《中华人民共和国安全生产法》第二十五条规定：生产经营单位应当建立安全生产教育和培训档案，如实记录安全生产教育和培训的时间、内容、参加人员以及考核结果等情况	查资料： 1. 培训教育计划和记录； 2. 培训效果评估记录、改进措施相关文件。 现场检查： 询问3~5人接受安全教育的情况	5	1. 无教育培训档案记录不得分； 2. 教育培训档案记录不真实、不准确的（培训的时间、内容、参加人员以及考核结果），每处扣1分	

续上表

评价类目	评价项目		释义	评价方法	标准分值	评价标准	得分
九、生产过程管理（180分）	1.现场过程管理	①企业应按照操作规程和作业规范要求进行现场作业	建立符合安全管理要求的作业岗位操作规程。 ①围绕岗位应建立汽车维修机工、汽车维修钣金工、汽车维修漆工、汽车维修电工、汽车维修胎工等岗位人员的安全操作规程； ②围绕设备使用应建立压床、钻床、空气压缩机、砂轮机、举升机等安全操作规程； ③围绕危险化学物品的使用还应建立乙炔气瓶、氧气瓶等安全使用规则； 现场作业人员应严格按照岗位操作规程和设备操作规程进行作业，作业现场严禁违章指挥、违章操作和违反劳动纪律的"三违"行为	**查资料：** 企业操作规程和相关作业规范。 **查现场：** 生产作业活动中有无违章指挥、违章作业和违反劳动纪律现象。 **询问：** 抽查岗位从业人员对岗位操作规程的熟悉程度	10	1.未建立操作规程和相关现场作业规范的，扣5分； 2.现场作业活动存在"三违"现象，每人次扣2分； 3.询问从业人员不熟悉岗位操作规程的，每人次扣2分	

续上表

评价类目	评价项目		释义	评价方法	标准分值	评价标准	得分
九、生产过程管理（180分）	1.现场过程管理	②常用的危化学险品储存场所应进行通风或温度调节，其各类危险化学品的储存量和储存安排应符合GB 15603—1995标准要求	《常用危险化学品贮存通则》（GB 15603—1995）规定，常用的危险化学品储存场所通风或温度调节应符合下列要求： ①储存化学危险品的建筑必须安装通风设备，并注意设备的防护措施； ②储存化学危险品的建筑通排风系统应设有导除静电的接地装置； ③通风管应采用非燃烧材料制作； ④通风管道不宜穿过防火墙等防火分隔物，如必须穿过时应用非燃烧材料分隔； ⑤贮存化学危险品建筑采暖的热媒温度不应过高，热水采暖不应超过80℃，不得使用蒸汽采暖和机械采暖；	查现场： 常用化学危险品储存场所通风和温度条件措施	5 ★★	1.未采取通风和温度调节措施的不得分； 2.通风和温度调节设施设置不符合标准要求的，扣3分	

续上表

评价类目	评价项目		释 义	评价方法	标准分值	评价标准	得分
九、生产过程管理（180分）	1.现场过程管理		⑥采暖管道和设备的保温材料,必须采用非燃烧材料; ⑦遇火、遇热、遇潮能引起燃烧、爆炸或发生化学反应,产生有毒气体的化学危险品不得在露天或在潮湿、积水的建筑物中储存; ⑧受日光照射能发生化学反应引起燃烧、爆炸、分解、化合或能产生有毒气体的化学危险品应储存在一级建筑物中。其包装应采取避光措施; ⑨爆炸物品不准和其他类物品同贮,必须单独隔离限量储存,仓库不准建在城镇,还应与周围建筑、交通干道、输电线路保持一定安全距离;				

续上表

评价类目	评价项目	释　义	评价方法	标准分值	评价标准	得分
九、生产过程管理（180分）	1.现场过程管理	⑩压缩气体和液化气体必须与爆炸物品、氧化剂、易燃物品、自燃物品、腐蚀性物品隔离储存。易燃气体不得与助燃气体、剧毒气体同储；氧气不得与油脂混合储存，盛装液化气体的容器属压力容器的，必须有压力表、安全阀、紧急切断装置，并定期检查，不得超装； ⑪易燃液体、遇湿易燃物品、易燃固体不得与氧化剂混合储存，具有还原性氧化剂应单独存放； ⑫有毒物品应储存在阴凉、通风、干燥的场所，不要露天存放，不要接近酸类物质； ⑬腐蚀性物品，包装必须严密，不允许泄漏，严禁与液化气体和其他物品共存				

续上表

评价类目	评价项目		释义	评价方法	标准分值	评价标准	得分
九、生产过程管理（180分）	1.现场过程管理	③工位应划分清楚明确,特殊作业场所（如钣金、涂漆等）应单独设置,厂区出入口应分开设置,若场地条件不允许,应设专人指挥车辆进出	作业现场清洁卫生,工位划分清楚,特殊作业场所（钣金、涂漆等）单独设置。厂区出入口的位置和数量,应根据企业的生产规模及总平面布置等因素综合确定,其数量不宜少于2个,并分开设置。若场地条件不允许,应设专人指挥车辆进出	查现场： 1.工位划分是否明确； 2.厂区出入口是否分开设置； 3.条件不允许分开设置出入口的,是否有专人指挥车辆进出	5 ★	1.未划定工位的,特殊作业场所未单独设立的,每1类扣2分； 2.场地条件允许的,厂区出入口未分开设置的,扣5分；场地条件不允许的,未设专人指挥车辆进出的扣5分	

续上表

评价类目	评价项目		释 义	评价方法	标准分值	评价标准	得分
九、生产过程管理（180分）	1.现场过程管理	④企业设施设备、生产物料堆放和存储应符合 GB 15603—1995、GB 50016—2014 标准的要求,易燃易爆有毒物品(如:油漆)应单独存放	企业的设施设备和生产物料堆放和存储应合理规范,危险化学品应与其他物料分开存放,且存放应符合《常用危险化学品贮存通则》(GB 15603—1995)规定。物品应分类储存,定置区域线清晰,数量和区域不超限;对于不采用托盘货架存储方式的物料,制定堆放要求,设置最高堆放高度,规定摆放方式,不得随意堆高,保证物品堆放的稳定性;对于采用托盘货架存储方式的物品,应定期检查货架的稳固性,安全性。使用设备存取物品时,应将物品放置到位;易燃易爆有毒物品必须按规定储存,设置明显标志,由专人负责保管。危险化学品专用仓库或专用储存室的储存设备和安全设施应定期进行检测。应急救援器材、通信报警装置处于完好状态	查现场： 1.查看设施设备、生产物料堆放和存储是否符合要求； 2.危险化学品是否单独存放	5	1.设施设备、物料堆放不规范的,扣2分； 2.危险化学品为单独存放的,不得分	

续上表

评价类目	评价项目	释义	评价方法	标准分值	评价标准	得分
九、生产过程管理（180分）	2.危险作业许可	①企业进行危险性作业活动时,应实施作业许可管理,严格履行审批手续,各种作业许可证中应有危险、有害因素识别和安全措施内容	《中华人民共和国安全生产法》第四十条规定:生产经营单位进行爆破、吊装以及国务院安全生产监督管理部门会同国务院有关部门规定的其他危险作业,应当安排专门人员进行现场安全管理,确保操作规程的遵守和安全措施的落实。 危险性作业包括:动火作业、进入受限空间作业、临时用电作业、高处作业和其他危险性作业。 企业应建立危险作业许可制度,实施危险作业许可管理,危险作业活动前,应申请危险作业许可证,严格履行审批制度。危险作业应严格按照审批许可范围和操作规程进行	**查资料**： 查危险作业许可管理制度； 查危险作业许可审批相关记录。 **查现场**： 危险作业是否取得危险作业许可证； 危险作业现场是否有人监督	10 ★	1.无危险许可管理制度,扣5分； 2.危险作业活动未履行严格的审批手续的,扣5分； 3.现场发现危险作业未取得许可的,扣5分； 4.现场危险作业无人监督的,扣3分	

续上表

评价类目	评价项目	释 义	评价方法	标准分值	评价标准	得分
九、生产过程管理（180分）	2.危险作业许可	②危险作业现场应有安全监督人员对现场进行监督，安全监督人发现所监督的作业与作业许可不相符合或安全措施未落实时应立即制止作业，作业中出现异常情况时应立即要求停止相关作业，并立即报告。作业人员发现安全监督人不在现场，应立即停止作业	危险作业现场应有安全监督人员对作业现场进行监督查看，危险作业范围符合许可要求，各项安全措施落实到位。安全监督人发现所监督的作业与作业许可不相符合或安全措施未落实时应立即制止作业，作业中出现异常情况时应立即要求停止相关作业，并立即报告。作业人员发现安全监督人不在现场，应立即停止作业	**查资料：**危险作业现场监督人员名册。**查现场：**危险作业现场是否有安全监督人员进行现场监督	5	1.危险作业活动现场无安全监督人员的，不得分； 2.危险作业不符合许可范围的，扣3分； 3.危险作业安全措施不到位的，扣2分	

续上表

评价类目	评价项目		释　义	评价方法	标准分值	评价标准	得分
九、生产过程管理（180分）	2.危险作业许可	③检、维修作业时，根据作业场所危险危害的特点，现场应配置消防、有毒有害作业防护等安全器具	企业应根据作业现场存在的危险有限因素和职业危害因素的特性，配备相应的防护设施，包括消防、安全防护、有毒有害物质防护等，并为作业人员配备相应的安全防护工具，包括防护服装、手套、护目镜、防护鞋等。《中华人民共和国安全生产法》第四十二条规定：生产经营单位必须为从业人员提供符合国家标准或者行业标准的劳动防护用品，并监督、教育从业人员按照使用规则佩戴、使用	**查资料**：安全设施台账和检查维护记录；安全防护用具发放记录。**查现场**：安全防护设施配备情况；作业人员安全防护用具穿戴情况	5	1. 未按要求配备消防、有毒有害作业防护等设施的，扣5分； 2. 未向从业人员发放安全防护用品、器具的，扣5分； 3. 无设施台账、检查记录和防护用品发放记录的，扣3分； 4. 现场查看作业人员未按规定穿戴安全防护用具的，扣3分	

续上表

评价类目	评价项目		释　义	评价方法	标准分值	评价标准	得分
九、生产过程管理（180分）	3.安全值班	制定并落实安全生产值班计划和值班制度，重要时期实行领导到岗带班，有值班记录	企业应制定安全生产值班计划和值班制度，并在岗位职责里明确值班职责，下发到各个部门，各部门根据各岗位的特点，编制值班记录表，通过安全例会或员工继续培训教育的形式进行宣传，并落实到个人，按照值班记录表的要求如实填写值班记录。并在重要时期（如节假日）应由各岗位领导带班保证维修作业安全	查资料： 1.企业值班制度； 2.企业安全生产值班计划； 3.安全生产值班记录	10	1.无企业值班制度扣5分； 2.无安全生产值班计划扣5分； 3.无安全生产值班记录不得分	

续上表

评价类目		评价项目	释 义	评价方法	标准分值	评价标准	得分
九、生产过程管理（180分）	4.相关方管理	①制定相关方安全管理制度，并严格对相关方的资质、资格进行审查	《企业安全生产标准化基本规范》（GB/T 33000—2016）中相关方的定义为：工作场所内外与企业安全生产绩效有关或受其影响的个人或单位，如承包商、供应商等。承包商是指在企业的工作场所按照双方协定的要求向企业提供服务的个人和单位。供应商是指为企业提供材料、设备或设施及好服务的外部个人或单位。企业应建立承包商、供应商等安全管理制度，将承包商、供应商等相关方的安全生产和职业卫生纳入企业内部管理，对承包商、供应商等相关方的资格预审、选择、作业人员培训、作业过程检查监督、提供的产品与服务、绩效评估、续用或退出等进行管理。企业应建立合格承包商、	**查资料：** 1.承包商、供应商等相关方管理制度； 2.相关方资质、资格审查记录。 **查现场：** 相关方作业现场管理	5	1.无相关方管理制度的，扣2分； 2.无相关方资格、资质审查记录的，扣3分	

续上表

评价类目	评价项目		释　义	评价方法	标准分值	评价标准	得分
九、生产过程管理（180分）	4.相关方管理		供应商等相关方的名录和档案，定期识别服务行为安全风险，并采取有效的控制措施。企业不应将项目委托给不具备相应资质或安全生产、职业病防护条件的承包商、供应商等相关方				
		②两个以上生产经营单位在同一作业区域内进行生产经营活动，可能危及对方生产安全的相关方，应签订安全生产管理协议，明确各自的安全生产管理职责和应采取的安全措施，并指定专职安全生产管理人员进行安全检查与协调	《中华人民共和国安全生产法》第四十五条规定：两个以上生产经营单位在同一作业区域内进行生产经营活动，可能危及对方生产安全的，应当签订安全生产管理协议，明确各自的安全生产管理职责和应当采取的安全措施，并指定专职安全生产管理人员进行安全检查与协调。检查发现相关方存在安全隐患或问题的，应及时通知同时相关方，并督促其落实整改	查资料： 1.相关方安全管理协议； 2.相关方安全检查记录。 查现场： 现场查看相关方是否存在安全隐患	5	1.查安全管理协议，无安全协议不得分； 2.查安全管理协议内容，安全职责不明确的，扣2分； 3.查相关方检查记录，无记录的，扣2分； 4.相关方作业现场存在安全隐患的，扣3分	

续上表

评价类目		评价项目	释义	评价方法	标准分值	评价标准	得分
九、生产过程管理（180分）	5.涂装作业	①企业调漆配料应在调漆室内进行	调漆配料应在调漆室内进行，调漆室内电器设备（配电箱、照明灯、电源开关等）应使用防爆装置；室内必须配备充足的消防器材，操作者应熟悉灭火器材的位置和使用方法。工作前启动控温排风装置；穿戴好防护用品，如防毒口罩、手套、防飞溅眼镜、围裙等。调漆室内需配备紧急情况下淋浴/洗眼装置，操作员应定期检查，确保能随时可用	查资料：调漆室安全操作规程。查现场：现场询问调漆室操作要求	5	1.无调漆室安全操作规程的，扣3分；2.车辆喷漆不在烤漆房或喷漆间内进行的，不得分	
		②涂装作业应按照规定，在封闭的喷漆室、喷漆房或喷漆区内进行	《涂装作业安全规程 喷漆室安全技术规定》（GB 14444—2006）规定：喷漆室是指一个完全封闭或半封闭的、具有良好机械通风和照明设备的、专门用于喷涂涂料的房间或围护结构体。室内气流组织能防止漆雾、溶剂蒸气向外逸散，并使其集中安全引入排风系统。	查现场：现场查看涂装作业是否在封闭的喷漆室、喷漆房或喷漆区内	5 ★★	1.未设置喷漆房、喷漆室或喷漆区的，不得分；2.涂装作业未在封闭的喷漆室、喷漆房或喷漆区内。不得分	

续上表

评价类目	评价项目	释义	评价方法	标准分值	评价标准	得分
九、生产过程管理（180分）	5.涂装作业	喷漆房是指专用于进行喷漆作业的带强制通风的全封闭建筑物。整个喷漆房是喷漆区的一部分。 喷漆区是指由于喷漆作业而存在危险量的易燃和可燃性蒸气、漆雾、粉尘或积聚可燃性残存物的区域。 喷漆区应包括以下范围： ①喷漆室或喷漆房内部及与其相连接的排风系统内部； ②喷漆流水线上封闭的内部空间； ③涂料直接喷到的其他地方。次以上范围外，喷漆作业尚存在有危险量的易燃、可燃性蒸气、漆雾等的区域，如与喷漆室相连的流平室及地沟、地坑等低洼区，应划入喷漆区范围； 喷漆作业应限于在的喷漆室、喷漆房或喷漆区内进行				

续上表

评价类目	评价项目		释义	评价方法	标准分值	评价标准	得分
九、生产过程管理（180分）	5.涂装作业	③涂装作业过程中，工作人员应穿戴防化服、防毒面具（或口罩）、头套等防护用品	在涂装作业过程中，涂装作业人员应穿戴相应的防化服、防毒面具或口罩、头套等安全防护用品。防范涂装作业过程有毒有害物质对作业人员造成的危害	查资料： 1.查安全防护用品的发放记录； 2.查看现场涂装作业是否穿戴防护用品	5	1.未向从业人员发放防护用品的，不得分； 2.无防护用品发放记录，扣2分； 3.现场作业人员未按规定穿戴防护用品，每人次扣2分	
		④作业人员在静电喷漆室作业应符合GB 6514—2008和GB 12367—2006中对静电喷漆室的要求	《涂装作业安全规程 喷漆室安全技术规定》（GB 14444—2006）规定：静电喷漆室的安全应符合GB 6514—2008和GB 12367—2006中对静电喷漆室的要求。静电喷漆应在静电喷漆室内进行，静电喷漆室的出入口应设置钢质甲级防火门，并装有闭门器，静电喷漆室的门宜与静电发生器的电源有门开即断电的连锁装置。	查现场： 现场查看静电喷漆室作业是否符合标准规范要求	5	1.静电喷漆未在静电喷漆室内进行的扣3分； 2.静电喷漆室装备设施不符合标准要求的，不得分	

续上表

评价类目		评价项目	释义	评价方法	标准分值	评价标准	得分
九、生产过程管理（180分）	5.涂装作业		高压静电发生器的高压输出与高压电缆联结端，应设置限流安全装置，高压电缆的屏蔽线应牢固的接入专用地线上。 静电喷漆所用高压电缆宜用有屏蔽层的，无屏蔽层的电缆应悬挂安装，与周围配电线和导体的最小间距，当静电电压为100kV及以下时，取800mm				
		⑤涂漆作业区应设有专用的废水排放及处理设施，采用干打磨工艺的，有粉尘收集装置和除尘设备，并设有通风设备	湿式以水为介质的喷漆室应设置气水分离器和集水池，气水分离器宜设置检修门，集水池宜设置稳定水位装置。集水池内宜加入漆雾凝聚剂，并设置漆渣排口。喷漆室污水排放应符合标准规定。	查现场： 1.现场查看涂漆作业区是否设有专用的废水排放和处理设施； 2.现场查看是否有粉尘收集装置和除尘设备以及通风设备	5	1.涂漆作业区未设有专用的废水排放及处理设施的，扣3分； 2.采用干打磨工艺，无粉尘收集装置和除尘设备，没有通风设备的，扣2分	

续上表

评价类目	评价项目	释 义	评价方法	标准分值	评价标准	得分
九、生产过程管理（180分）	5.涂装作业	喷漆室应设置安全通风系统。经过喷漆室的排风量应保证所喷溶剂浓度低于燃烧极限下限值(LFL)的25%。喷漆室应设有机械通风和除漆雾装置,大型喷漆室除应配置排风系统外,还应配置送风系统,冬季送风温度不应低于12℃。喷粉室应设有机械通风和粉末回收装置,喷粉室粉末净化回收装置的净化效率要求保证不污染周围环境,粉末净化回收装置的出粉口,应采取防治粉尘飞扬的措施。喷粉室的排风口应尽可能与粉末扩散时的方向一致。粉末净化回收装置的排放的已净化气体直接回入操作区时,其粉尘浓度应符合标准规定				

续上表

评价类目	评价项目		释 义	评价方法	标准分值	评价标准	得分
九、生产过程管理（180分）	5.涂装作业	⑥涂漆作业场所空气中有害物质最高允许浓度、时间加权平均浓度和短时间接触允许浓度应符合 GB 6514—2008 的要求	喷漆作业人员工作时,工作场所空气中有毒物质允许浓度应符合 GB 6514—2008 中5.2.1 的规定。最高允许浓度是作业人员工作地点空气中有害物质所不应超过的数值,工作地点系指作业人员操作、观察和管理生产过程而经常或定时停留的地点,如生产作业在作业场所许多不同地点进行,则整个场所均为工作地点	查现场： 查作业场所空气有害物质浓度检测报告或相关材料	5	1.无作业场所空气有害物质检测报告或相关材料的,不得分; 2.空气中有害物质超过标准要求的,扣3分	

续上表

评价类目	评价项目	释义	评价方法	标准分值	评价标准	得分
九、生产过程管理（180分）	5.涂装作业	⑦涂装作业场所的电气设备应安全、可靠。对涉及易燃易爆的场所，电气设备的设置应符合标准规定	喷漆区内不应设置电气设备，如工艺有特殊要求时，应符合《爆炸和火灾危险环境电力装置设计规范》（GB 50058—2014）的要求。喷漆区和爆炸危险区域两区内不应设置引起明火、火花的设备和外表超过喷涂涂料自燃点温度的设备。产生火花或炙热金属颗粒的设备，设置在两区内，应是全封闭型或防爆型的。喷漆室的电气接线应符合爆炸危险场所1区的规定。喷漆区附近的电气接线和设备应符合《涂装作业安全规程 喷漆室安全技术规定》（GB 14444—2006）中6.3.1和6.3.4的规定分类。灯具的安装和使用应符合《涂装作业安全规程 喷漆室安全技术规定》（GB 14444—2006）中6.4的规定	**查资料：**涂装作业场所电气设备设施相关记录档案。**查现场：**涂装作业场所电气设备的安装使用情况	10 AR	1.无电气设备记录档案的，扣3分；2.电气设备安装和使用不符合标准规范要求的，每发现1处扣1分	

续上表

评价类目	评价项目		释 义	评价方法	标准分值	评价标准	得分
九、生产过程管理（180分）	5.涂装作业	⑧企业废气净化装置排放的有害气体应符合标准规定。涂装作业的固体废弃物的处置应符合环保要求	为防治气体、烟、尘等有害物质在室内逸散,涂漆工艺应首先采用局部排风,当不可能采用局部排风或局部排风达不到相关规定,应采用全面通风换气。排风系统排出的有害气体、烟、尘等污染物,当影响车间四周环境或附近居住区的空气质量时,应采取净化处理、回收或综合利用后措施后,再向大气排放,使之符合国家有关大气污染排放标准及有关省市的地方总量排放标准。可根据工艺条件和污染状况采用活性炭吸附、催化燃烧、热力燃烧或液体吸收等净化措施,以保证作业场所内和四周环境的空气质量符合标准要求	查现场： 1.是否安装通风、净化装置； 2.涂装作业废弃物的处理是否符合环保要求	5	1.未按规定安装符合标准要求的废气净化装置,不得分； 2.固体废弃物的处置不符合环保要求的,扣3分	

续上表

评价类目		评价项目	释 义	评价方法	标准分值	评价标准	得分
九、生产过程管理（180分）	6.焊接作业	①焊接作业中,通风、人员防护、消防措施、封闭空间内的安全要求等应符合要求	焊接作业应符合《焊接与切割安全》(GB 9448—1999)的相关要求。所有运行使用中的焊接、切割设备必须处于正常的工作状态,存在安全隐患(如安全性或可靠性不足)时,必须停止使用并由维修人员修理。所有的焊接与切割设备必须按制造厂提供的操作说明书或规程使用,并且还必须符合本标准要求。 焊接或切割现场应设置现场管理和安全监督人员。这些监督人员必须对设备的安全管理及工艺的安全执行负责。在实施监督职责的同时,他们还可担负其他职责,如:现场管理、技术指导、操作协作等。	查资料： 1.查焊接作业安全防护用品发放记录； 2.查焊接作业人员特种作业操作证。 查现场： 现场查看焊接作业是否符合规范	5	1.无安全防护用品发放记录,扣2分； 2.焊接作业人员无特种作业操作证的,不得分； 3.焊接作业不符合规范要求的,不得分	

续上表

评价类目	评价项目	释　义	评价方法	标准分值	评价标准	得分
九、生产过程管理（180分）	6.焊接作业	监督者必须保证：各类防护用品得到合理使用；在现场适当地配置防火及灭火设备；指派火灾警戒人员；所要求的热作业规程得到遵循。焊接设备、焊机、切割机具、钢瓶、电缆及其他器具必须放置稳妥并保持良好的秩序，使之不会对附近的作业或过往人员构成妨碍。焊接和切割区域必须予以明确标明，并且应有必要的警告标志。为了防止作业人员或邻近区域的其他人员受到焊接及切割电弧的辐射及飞溅伤害，应用不可燃或耐火屏板（或屏罩）加以隔离保护。作业人员在观察电弧时，必须使用带有滤光镜的头罩或手持面罩，或佩戴安全镜、护目镜或其他合适的眼镜。辅助人员也应				

续上表

评价类目	评价项目		释　义	评价方法	标准分值	评价标准	得分
九、生产过程管理（180分）	6.焊接作业		佩戴类似的眼睛保护装置。焊接的个体防护用品包括防护服、手套、围裙、护腿、披肩斗篷及袖套。 　　为了保证作业人员在无害的呼吸氛围内工作，所有焊接、切割、钎焊及有关的操作必须要在足够的通风条件下（包括自然通风或机械通风）进行。必须采取措施避免作业人员直接呼吸到焊接操作所产生的烟气流。必须明确焊接操作人员、监督人员及管理人员的防火职责，并建立切实可行的安全防火管理制度。焊接及切割应在为减少火灾隐患而设计、建造（或特殊指定）的区域内进行。因特殊原因需要在非指定的区域内进行焊接或切割操作时，				

续上表

评价类目	评价项目	释 义	评价方法	标准分值	评价标准	得分
九、生产过程管理（180分）	6.焊接作业	必须经检查、核准。焊接或切割作业只能在无火灾隐患的条件下实施。 除了正常的通风要求之外，封闭空间内的通风还要求防止可燃混合气的聚集及大气中富氧。封闭空间内在未进行良好的通风之前禁止人员进入。如要进入，必须佩戴合适的供气呼吸设备并由戴有类似设备的他人监护。必要时在进入之前，对封闭空间要进行毒气、可燃气、有害气、氧气等测试，确认无害后方可进入				

续上表

评价类目	评价项目	释义	评价方法	标准分值	评价标准	得分
九、生产过程管理（180分）	6.焊接作业	②气瓶不得置于受阳光暴晒、热源辐射及可能受到电击的地方，乙炔瓶和氧气瓶应分开存放。气瓶不得靠近热源和明火，可燃、助燃气瓶与明火的距离不得小于10m（高空作业时，此距离为在地面的垂直投影距离），乙炔瓶与氧气瓶在使用时距离不得少于5m	气瓶的使用应符合《气瓶安全技术监察规程》（TSG R0006—2014）和《气瓶安全监察规定》的相关要求。 气瓶使用者应当遵守下列安全规定： ①严格按照有关安全使用规定正确使用气瓶； ②不得对气瓶瓶体进行焊接和更改气瓶的钢印或者颜色标记； ③不得使用已报废的气瓶； ④不得将气瓶内的气体向其他气瓶倒装或直接由罐车对气瓶进行充装； ⑤不得自行处理气瓶内的残液。	**查资料：** 企业气焊作业安全操作规程。 **查现场：** 现场查看气瓶存放和使用情况。 **询问：** 询问焊接作业人员对气瓶的使用要求	5	1.无气焊作业安全操作规程，扣2分； 2.气瓶存放位置不符合规范要求，扣2分； 3.气瓶使用不规范，不符合要求的，每处扣1分； 4.现场询问焊接作业人员对气瓶使用不熟悉的，扣5分	

续上表

评价类目	评价项目	释　义	评价方法	标准分值	评价标准	得分
九、生产过程管理（180分）	6.焊接作业	气瓶的放置地点不得靠近热源，应与办公、居住区域保持10m以上，气瓶应防止曝晒、雨淋、水浸，环境温度超过40℃时，应采取遮阳等措施降温。氧气瓶和乙炔气瓶使用时应分开放置，至少保持5m间距，且距明火10m以外。气瓶应立放使用，严禁卧放，并应采取防止倾倒的措施。乙炔气瓶使用前，必须先直立20min后，然后连接减压阀使用。搬运气瓶时，要旋紧瓶帽，以直立向上的位置来移动，注意轻装轻卸，禁止从瓶帽处提升气瓶。禁止将气瓶与电气设备及电路接触，以免形成电气回路。与气瓶接触的管道和设备要有接地装置，防止产生静电造成燃烧或爆炸。在气、电焊混合作业的场地，要防止氧气瓶带电，如地面是铁板，要垫木板或胶垫加以绝缘。乙炔气瓶不得放在橡胶等绝缘体上				

续上表

评价类目	评价项目	评价项目	释 义	评价方法	标准分值	评价标准	得分
九、生产过程管理（180分）	7.警示标志	①涂装、易燃易爆等危险作业区域内应按照 GB 15630—1995、GB 2894—2008、GB Z158—2003 的要求设置安全警示标识、消防安全标识和职业健康安全警示标识，进行危险提示、警示，并告知危险的种类、后果及应急措施等	《中华人民共和国安全生产法》第三十二条规定：生产经营单位应当在有较大危险因素的生产经营场所和有关设施、设备上，设置明显的安全警示标志。企业应按照有关规定和工作场所的安全风险特点，在有重大危险源、较大危险因素和严重职业病危害因素的工作场所，设置明显的、符合有关规定要求的安全警示标志和职业病危害警示标识。其中，警示标志的安全色和安全标志应分别符合 GB 2893—2008 和 GB 2894—2008 的规定。道路交通标志和标线应符合 GB 5768—2009（所有部分）的规定，消防安全标志应符合 GB 13495.1—2015 的规定，工作场所职业病危害警示标识应符合 GBZ 158—2003 的规定。安全	**现场检查：**相关场所和设备设施是否按要求设置安全警示标志，是否有无关人员进入作业区	5	1. 未按要求在相关场所和设备设施设置警戒区域和明显安全警示标志的，每处扣 2 分； 2. 有无关人员进入作业区，每人次扣 2 分	

续上表

评价类目	评价项目	释义	评价方法	标准分值	评价标准	得分
九、生产过程管理（180分）	7.警示标志	警示标志和职业病危害警示标识应标明安全风险内容、危险程度、安全距离、防控办法、应急措施等内容，在有重大隐患的工作场所和设备设施上设置安全警示标志，标明治理责任、期限及应急措施；在有安全风险的工作岗位设置安全告知卡，告知从业人员本企业、本岗位主要危险有害因素、后果、事故预防及应急措施、报告电话等内容				
		②厂区出入口或厂区内应设置限速标志，停车处应设置停车标志	机动车在进出厂房、仓库、车间大门、停车场、生产现场时，最高时速不能超过5km/h。厂内主干道行驶时，不得超过30km/h，其他道路不得超过20km/h。厂区出入口和厂内应设置限速标志。停车处应设置停车标志	**现场检查：** 1.厂区出入口和厂区内是否有限速标志； 2.停车处是否有停车标志	5	1.无限速标志的，扣3分； 2.无停车标志，扣2分	

续上表

评价类目	评价项目		释义	评价方法	标准分值	评价标准	得分
九、生产过程管理（180分）	8.消防管理	①企业主要负责人是本企业消防安全责任人,应对本企业的消防安全工作全面负责。落实消防安全责任制,制定本企业的消防安全制度、消防安全操作规程,制定灭火和应急疏散预案	《中华人民共和国消防法》第十六条规定:机关、团体、企业、事业等单位应当履行下列消防安全职责: （一）落实消防安全责任制,制定本单位的消防安全制度、消防安全操作规程,制定灭火和应急疏散预案; （二）按照国家标准、行业标准配置消防设施、器材,设置消防安全标志,并定期组织检验、维修,确保完好有效; （三）对建筑消防设施每年至少进行一次全面检测,确保完好有效,检测记录应当完整准确,存档备查; （四）保障疏散通道、安全出口、消防车通道畅通,保证防火防烟分区、防火间距符合消防技术标准;	**查资料**: 1.主要负责人是本单位消防安全责任人的文件; 2.消防责任制相关文件; 3.消防管理相关管理制度、操作规程和应急疏散预案	10 ★★	1.未明确主要负责人是消防安全责任人的,扣3分; 2.无消防责任制文件的,扣3分; 3.无消防安全管理制度,扣2分; 4.无消防安全操作规程,扣2分; 5.无灭火和应急疏散预案,扣2分	

续上表

评价类目		评价项目	释义	评价方法	标准分值	评价标准	得分
九、生产过程管理（180分）	8.消防管理		（五）组织防火检查，及时消除火灾隐患； （六）组织进行有针对性的消防演练； （七）法律、法规规定的其他消防安全职责； 单位的主要负责人是本单位的消防安全责任人				
		②制定年度消防工作计划，制定消防安全工作的资金投入和组织保障方案	企业应制定消防工作计划，明确消防责任部门和消防工作部署，年度安全费用计划中，应明确消防安全设施配备及消防工作开展所需的资金投入，制定消防工作组织保障方案，确保消防工作的有效开展	查资料： 1.消防工作计划； 2.安全费用使用台账； 3.消防安全工作资金投入和组织保障方案	5	1.无消防工作计划的，扣2分； 2.无消防安全工作资金投入和组织保障方案的，扣3分	

续上表

评价类目	评价项目	释义	评价方法	标准分值	评价标准	得分
九、生产过程管理（180分）	8.消防管理	③企业应将容易发生火灾、一旦发生火灾可能严重危及人身和财产安全及对消防安全有重大影响的部位确定为消防安全重点部位，并应在消防安全重点部位设置明显的防火标志	《中华人民共和国消防法》第十七条规定：县级以上地方人民政府公安机关消防机构应当将发生火灾可能性较大以及发生火灾可能造成重大的人身伤亡或者财产损失的单位，确定为本行政区域内的消防安全重点单位，并由公安机关报本级人民政府备案。消防安全重点单位除应当履行本法第十六条规定的职责外，还应当履行下列消防安全职责：（一）确定消防安全管理人，组织实施本单位的消防安全管理工作；（二）建立消防档案，确定消防安全重点部位，设置防火标志，实行严格管理；（三）实行每日防火巡查，并建立巡查记录；（四）对职工进行岗前消防安全培训，定期组织消防安全培训和消防演练	查现场：消防安全重点部位防火标志设置情况	5	1.未将容易发生火灾、一旦发生火灾可能严重危及人身和财产安全及对消防安全有重大影响的部位确定为消防安全重点部位的，不得分；2.消防安全重点部位未设置明显的防火标志的，扣2分	
		④企业应建立消防档案，消防档案应包括企业消防安全基本情况及消防安全管理情况		查资料：查企业消防档案	5	1.无消防档案的，扣2分；2.消防安全重点部位未设置防火标志的，扣3分	

续上表

评价类目		评价项目	释 义	评价方法	标准分值	评价标准	得分
九、生产过程管理（180分）	8.消防管理	⑤配备相应等级和危险类别的消防控制和火灾报警系统、消防给水系统、泡沫或干粉灭火系统等消防设施、器材，并按要求设置消防安全标志	企业应按 GB 50140—2005、GB 50067—2014 的要求配备相应等级和危险类别的消防控制和火灾报警系统、消防给水系统、泡沫或干粉灭火系统等消防设备设施、器材，并按照 GB 15630—1995 的要求设置消防安全标志	查现场： 1. 消防控制和火灾报警系统、消防给水系统、灭火系统等消防设备设施、器材的设置情况； 2. 消防安全标志的设置情况	5	1. 未按规范配备消防设备设施的，不得分； 2. 未按要求设置消防安全标志的，扣2分	
		⑥制定并落实火灾隐患整改责任制、防火安全检查、巡查制度，成立防火检查组、防火巡查队，按要求开展防火检查和防火巡查。防火检查、防火巡查中发现的火灾隐患应按要求落实至责任部门、责任人进行整改	《中华人民共和国消防法》第十六条规定：企业应组织防火检查，及时消除火灾隐患。《中华人民共和国消防条例实施细则》第十九条规定，企业应组织防火检查，消除火险隐患，改善消防安全条件，完善消防设施。企业应依据法律法规要求，制定并落实火灾隐患整改责任制，定期开展防火检查和防火巡查。防火检查、防火巡查中发现的火灾隐患应按要求落实制相关责任部门和人员，限期进行整改，并对整改情况进行验收，确保整改落实到位	查资料： 1. 消防隐患整改责任制相关制度文件； 2. 防火检查和防火巡查记录； 3. 火灾隐患整改、验收记录	5	1. 未制定消防隐患整改责任制的，扣2分； 2. 未开展防火检查和防火巡查的，不得分； 3. 火灾隐患未整改的，扣3分	

续上表

评价类目		评价项目	释 义	评价方法	标准分值	评价标准	得分
九、生产过程管理（180分）	8.消防管理	⑦制定消防设施及器材管理制度,消防器材及设施应有专人负责,定期组织检验、维修,保存检验、维修记录,确保所有消防器材及设施可靠、有效,随时可用	《中华人民共和国消防法》第十六条规定:企业应按照国家标准、行业标准配置消防设施、器材,设置消防安全标志,并定期组织检验、维修,确保完好有效;对建筑消防设施每年至少进行一次全面检测,确保完好有效,检测记录应当完整准确,存档备查。《中华人民共和国消防条例实施细则》第二十八条规定:机关、企业事业单位和个体工商业户应当根据防火、灭火的需要,配置相应种类、数量的消防器材、设备和设施,并指定有关人员负责维护和管理。企业应制定消防设施及器材管理制度,设置专人负责消防器材管理,定期对其进行检验、维修,并保存检验维修记录,确定消防设施、器材状况良好、有效	查资料: 1.消防设施及器材管理制度; 2.消防设施及器材检验、维修记录。 查现场: 现场查看消防设施设备、器材的良好状况	5	1.无消防设施及器材管理制度的,不得分; 2.无消防设施及器材检验、维修记录的,不得分; 3.现场消防设施、器材存在问题或失效的,不得分; 4.未指定专人负责的,扣2分	

续上表

评价类目	评价项目		释义	评价方法	标准分值	评价标准	得分
九、生产过程管理（180分）	8.消防管理	⑧保障安全出口、疏散通道及消防车通道的畅通，消防通道应有明显的指示标志	《中华人民共和国消防法》第十六条规定：企业应保障疏散通道、安全出口、消防车通道畅通，保证防火防烟分区、防火间距符合消防技术标准；《中华人民共和国消防条例实施细则》第二十九条规定：任何单位和个人都有责任维护消防设施。不准损坏和擅自挪用消防设备、器材，不准埋压和圈占消防水源，不准占用防火间距、堵塞消防通道。公用和城建等部门，在维修道路影响消防车通行以及停电、停水、切断通信线路时，必须事先通知当地消防监督机构。消防通道应有明显的指示标志	**查现场：** 1.现场消防通道畅通情况； 2.消防通道指示标志设置情况	5	1.消防通道被堵占的，不得分； 2.消防通道无明显指示标志或指示标志损坏的，每处扣2分	

续上表

评价类目	评价项目	释义	评价方法	标准分值	评价标准	得分
九、生产过程管理（180分）	8.消防管理	⑨建立消防宣传和教育培训制度，制定年度消防宣传教育培训计划，每年应至少进行一次消防安全教育培训，使相关人员具备扑救初起火灾的能力	《中华人民共和国消防法》第六条规定，机关、团体、企业、事业等单位，应当加强对本单位人员的消防宣传教育。第十七条规定，消防安全重点单位还应该对职工进行岗前消防安全培训，定期组织消防安全培训和消防演练。《中华人民共和国消防条例实施细则》第二十七条规定：各单位或其主管部门对电工、焊接工、油漆工和从事操作、保管易燃易爆化学物品等有关人员，必须进行消防知识的专业培训，经有关主管部门考试合格后，方可定岗位从事操作、管理	查资料：培训教育档案中关于消防培训的相关记录。现场询问：从业人员消防基础知识的掌握能力和扑救初起火灾的能力	5	1.无消防安全培训记录的，扣3分；2.抽查询问从业人员，未掌握消防安全知识，布局别扑救初起火灾能力的，每人次扣2分	

续上表

评价类目	评价项目	释义	评价方法	标准分值	评价标准	得分
十、风险管理（60分）	1.一般要求	企业应依法依规建立健全安全生产风险管理制度，开展本单位管理范围内的风险辨识、评估、管控等工作，落实重大风险登记、重大危险源报备责任，防范和减少安全生产事故	依据《公路水路行业安全生产风险管理暂行办法》（交安监发〔2017〕60号）第三条明确要求：从事公路水路行业生产经营活动的企事业单位（以下简称生产经营单位）是安全生产风险管理的实施主体，应依法依规建立健全安全生产风险管理工作制度，开展本单位管理范围内的风险辨识、评估等工作，落实重大风险登记、重大危险源报备和控制责任，防范和减少安全生产事故	查资料： 1.企业安全生产风险管理工作制度（应含重大风险管理内容）和重大危险源管理制度（含辨识、报备和管控等内容）； 2.企业安全生产风险辨识、评估方法（或规则）； 3.本单位管理范围内的风险辨识、评估等工作的记录； 4.重大风险登记、报备，重大危险源辨识、建档、报备和控制等工作记录	5 AR	1.未制定发布企业安全生产风险管理工作制度，内容不符合要求的，不得分； 2.未制定发布企业安全生产风险辨识、评估指南（或规则）扣2分； 3.无风险辨识、评估等工作的记录，扣2分；不全面或缺失，扣1分； 4.重大风险未登记或报备，扣1分； 5.未开展重大危险源辨识、建档、报备和控制等工作，缺1项扣1分	

续上表

评价类目	评价项目		释 义	评价方法	标准分值	评价标准	得分
十、风险管理（60分）	2.风险辨识	①企业应制定风险辨识规则,明确风险辨识的范围、方式和程序	依据《公路水路行业安全生产风险管理暂行办法》(交安监发〔2017〕60号)第十一条明确要求:生产经营单位应针对本单位生产经营活动范围及其生产经营环节,按照相关法规标准要求,编制风险辨识规则,明确风险辨识范围、方式和程序。 风险识别是指在风险事故发生之前,人们运用各种方法系统地、连续地认识所面临的各种风险以及分析风险事故发生的潜在原因。风险识别过程包含感知风险和分析风险两个环节。为更好地开展风险辨识工作,企业应制定风险辨识规则,明确辨识的范围、方式和程序等内容,指导员工开展风险辨识工作。风险辨识的范围应包含了企业所有人员、作业、过程和场所,辨识方式适合企业各岗位需求,辨识程序全面、合规	**查资料：** 风险辨识规则文件	5	1.未编制风险辨识规则,不得分; 2.风险辨识规则中风险辨识范围、方式和程序等内容不符合、不完善的,每缺1项扣1分	

续上表

评价类目	评价项目		释义	评价方法	标准分值	评价标准	得分
十、风险管理（60分）	2.风险辨识	②风险辨识应系统、全面，并进行动态更新	企业风险是一个复杂的系统，其中包括不同类型、不同性质、不同损失程度的各种风险，故对风险进行识别，应该全面系统地考察、了解各种风险事件存在和可能发生的概率以及损失的严重程度，风险因素及因风险的出现而导致的其他问题。因此，必须系统、全面了解各种风险的存在和发生及其将引起的损失后果的详细情况，以便及时而清楚地为决策者提供比较完备的决策信息。同时，风险随生产工艺、装备和过程变化、环境变化、人的因素和管理的变化，风险致险因素、危害程度等也发相变化，相应的控制方法和措施也应随之改变，因此应进行动态更新	**查资料：** 风险辨识清单。 **现场检查：** 重点作业场所、关键岗位、设备存在的风险	5	1.风险清单辨识不全面，每缺1项扣1分； 2.风险清单未及时更新，扣2分	

续上表

评价类目	评价项目		释 义	评价方法	标准分值	评价标准	得分
十、风险管理（60分）	2.风险辨识	③风险辨识应涉及所有的工作人员（包括外部人员）、工作过程和工作场所。安全生产风险辨识结束后应形成风险清单	风险辨识是运用各种方法对尚未发生的潜在风险以及客观存在的各种风险进行系统归类和全面识别。风险辨识不是一次能够完成的，它应该在整个安全生产过程中定期而有计划地进行，具有广泛性、全生命周期和信息依赖性，因为安全生产参与成员的工作性质不同，所面临的风险也会有所不同，他们都有自己独特的生产经历和风险管理经验，可以为识别生产的风险提供更多的途径。同时，由于生产由不同分工协助组合完成，风险辨识将涉及财务、工艺、设备、技术、管理等多个不同知识领域；另外，风险存在于产品生产生命期的各个阶段中，不同阶段会出现影响程度不同的风险，随着生产过程、条件(含场所)、环境、范围	**查资料：**查风险辨识清单	3	风险清单未涉及所有的工作人员（包括外部人员）、工作过程和工作场所，每缺1项扣1分	

续上表

评价类目	评价项目	释义	评价方法	标准分值	评价标准	得分
十、风险管理（60分）	2.风险辨识	等的不断变化，新的风险又会产生，从而又需要开展新一轮的风险识别。总之，风险识别必然贯穿于生产的全过程和所有场所。风险辨识成果之一，就是形成风险清单				
	3.风险评估	①企业应从发生危险的可能性和严重程度等方面对风险因素进行分析，选定合适的风险评估方法，明确风险评估规则	风险评估是指风险识别、风险分析和风险评价的全过程。通过选择合适的评估方法对存在的安全生产风险和有害因素进行评估，确定风险程度和等级，并根据评估结果采取针对性的控制措施，确保风险控制在可接受的范围之内。企业应编制风险评价规则，规则应根据不同岗位、过程和场所辨识风险，从发生危险的可能性和严重程度等方面对风险因素进行分析，推荐选择采用合适的风险评估方法	查资料：风险评估规则	2	1.企业无风险评价规则，不得分；2.规则未包含风险评价方法选择、评价人员资历、评价程序、评价记录、评价报告编制和归档等要求，缺1项扣1分	

续上表

评价类目	评价项目	释义	评价方法	标准分值	评价标准	得分
十、风险管理（60分）	3.风险评估	②企业应依据风险评估规则，对风险清单进行逐项评估，确定风险等级	企业应依据风险评估规则，对风险清单，选择合适评价方法进行逐项评估，确定风险等级	查资料： 1.风险分析记录、风险评价报告； 2.风险清单； 3.重大风险清单	5	1.无风险分析记录、风险评价报告，不得分；每缺1项，扣0.5分； 2.风险清单无风险等级，不得分；未全部评出风险等级，扣1分； 3.风险等级判定不准确，每条扣1分； 4.企业未列出重大风险清单，不得分	
	4.风险控制	①企业应根据风险评估结果及经营运行情况等，按以下顺序确定控制措施： a.消除； b.替代； c.工程控制措施； d.设置标志警告和（或）管理控制措施； e.个体防护装备等	企业应根据风险评价的结果及经营运行情况等，确定不可接受的风险，制定并落实控制措施，将风险尤其是重大风险控制在可以接受的程度；风险控制措施符合相关标准要求。企业在选择风险控制措施时： ①应考虑： a.可行性； b.安全性； c.可靠性。 ②应包括： a.工程技术措施； b.管理措施； c.培训教育措施； d.个体防护措施。	查资料： 1.风险控制措施相关文件记录； 2.风险控制措施是否符合规定的控制顺序要求。 现场检查结合询问： 重点场所、关键岗位和设备设施的风险控制措施	5	1.文件未明确企业应根据风险评估结果及经营运行情况等，按上述顺序确定控制措施，不得分； 2.风险控制措施不符合相关标准要求，扣1分； 3.重点场所、岗位、设备设施的风险控制措施不明确、不合理、不符合要求，每处扣1分	

续上表

评价类目	评价项目		释 义	评价方法	标准分值	评价标准	得分
十、风险管理（60分）	4.风险控制		③应按照以下顺序确定控制措施： a.消除； b.替代； c.工程控制措施； d.设置标志警告和（或）管理控制措施； e.个体防护装备等				
		②企业应将安全风险评估结果及所采取的控制措施告知相关从业人员，使其熟悉工作岗位和作业环境中存在的安全风险，掌握、落实应采取的控制措施	《中华人民共和国安全生产法》第四十一条中规定：生产经营单位应当教育和督促从业人员严格执行本单位的安全生产规章制度和安全操作规程；并向从业人员如实告知作业场所和工作岗位存在的危险因素、防范措施以及事故应急措施。故企业应将安全风险评估结果及所采取的控制措施告知相关从业人员，使其熟悉工作岗位和作业环境中存在的安全风险，掌握、落实应采取的控制措施	查资料： 企业将安全风险评估结果及所采取的控制措施告知相关从业人员的告知文件、记录等活动档案，或告知交底档案文件资料，或岗前教育等相关活动记录。 询问： 询问2名业人员是否熟悉本岗位安全风险评估结果及所采取的控制措施	5	1.企业无安全风险评估结果及所采取的控制措施告知相关从业人员的告知文件、记录等活动档案，或告知交底档案文件资料，或岗前教育等相关活动记录。扣2分； 2.有关人员不熟悉工作岗位和作业环境中存在的安全风险，每人扣1分； 3.不掌握或未落实应采取的控制措施，每处扣1分	

续上表

评价类目	评价项目	释义	评价方法	标准分值	评价标准	得分
十、风险管理（60分）	4.风险控制	③企业应建立风险动态监控机制，按要求对风险进行控制和监测，及时掌握风险的状态和变化趋势，以确保风险得到有效控制	《公路水路行业安全生产风险管理暂行办法》(交安监发〔2017〕60号)第十八条规定：生产经营单位应建立风险动态监控机制，按要求进行监测、评估、预警，及时掌握风险的状态和变化趋势。 风险动态监控对风险的发展与变化情况进行全程监督，并根据需要进行应对策略的调整。因为风险是随着内部外部环境的变化而变化的，它们在决策主体经营活动的推进过程中可能会增大或者衰退乃至消失，也可能由于环境的变化又生成新的风险。风险动态监控就是通过对风险规划、识别、估计、评价、应对全过程的监视和控制，从而保证风险管理能达到预期的目标，它是项目实施过程中的一项重要工作	查资料： 1.风险动态监控管理制度； 2.风险动态监控记录	3	1.企业未制定风险动态监控制度，不得分； 2.制度未明确监控项目、参数、责任人员、频次和方法等要求；每缺1项，扣1分； 3.无风险动态监控记录，不得分；缺少1项监控记录扣1分； 4.企业风险控制未有效控制的，每项扣1分	

续上表

评价类目	评价项目	释　义	评价方法	标准分值	评价标准	得分
十、风险管理（60分）	5.重大风险管控	①企业对重大风险进行登记建档，设置重大风险监控系统，制定动态监测计划，并单独编制专项应急措施	《公路水路行业安全生产风险管理暂行办法》（交安监发〔2017〕60号）第二十四条规定：生产经营单位应如实记录风险辨识、评估、监测、管控等工作，并规范管理档案。重大风险应单独建立清单和专项档案。 第二十六条规定： （一）对重大风险制定动态监测计划，定期更新监测数据或状态，每月不少于1次，并单独建档； （二）重大风险应单独编制专项应急措施。 企业对确定认的重大风险都应按照规定登记建档。重大风险档案主要内容包括基本信息、管控信息、预警信息和事故信息等	**查资料：** 1.企业重大风险登记档案； 2.重大风险监控系统及动态监测计划； 3.重大风险的专项应急措施	5 ★★	1.企业未建立重大风险登记档案，不得分；重大风险档案内容不全，扣1分； 2.重大风险监控系统填报不及时或不正确，扣1分； 3.未制定动态监测计划，不得分；计划不全面，扣1分； 4.无针对重大风险的专项应急措施。扣2分； 5.重大风险的专项应急措施不正确或不全面。每项扣1分	

续上表

评价类目	评价项目	释义	评价方法	标准分值	评价标准	得分
十、风险管理（60分）	5.重大风险管控	②企业应当在重大风险所在场所设置明显的安全警示标志，对进入重大风险影响区域的人员组织开展安全防范、应急逃生避险和应急处置等相关培训和演练	《公路水路行业安全生产风险管理暂行办法》（交安监发〔2017〕60号）第二十八条规定：生产经营单位应当在重大风险所在场所设置明显的安全警示标志，标明重大风险危险特性、可能发生的事件后果、安全防范和应急措施。第二十七条规定：生产经营单位应对进入重大风险影响区域的本单位从业人员组织开展安全防范、应急逃生避险和应急处置等相关培训和演练	现场检查：重大风险所在场所。查资料：培训和演练的计划和记录	5	1.现场未设置明显的安全警示标志，每处扣2分；2.未标明重大风险危险特性、可能发生的事件后果、安全防范和应急措施，缺1项扣1分；3.无培训计划或演练计划，扣1分；4.无培训记录或培训记录不全，扣2分；5.无演练记录或记录不全，扣1分；无演练总结，扣1分	

续上表

评价类目	评价项目	释义	评价方法	标准分值	评价标准	得分
十、风险管理（60分）	5.重大风险管控	③企业应当将本单位重大风险有关信息通过公路水路行业安全生产风险管理信息系统进行登记，构成重大危险源的应向属地负有安全生产监督管理职责的交通运输管理部门备案	《公路水路行业安全生产风险管理暂行办法》（交安监发〔2017〕60号）第三十条规定：生产经营单位应当将本单位重大风险有关信息通过公路水路行业安全生产风险管理信息系统进行登记，构成重大危险源的应向属地综合安全生产监督管理部门备案。登记（含重大危险源报备，下同）信息应当及时、准确、真实	**查系统：** 1.本单位重大风险通过公路水路行业安全生产风险管理信息系统进行登记的记录； 2.重大危险源通过系统向属地综合安全生产监督管理部门备案的记录。 **查资料：** 重大危险源备案资料	2 ★★★	1.应将本单位重大风险有关信息通过公路水路行业安全生产风险管理信息系统进行登记； 2.重大危险源的应通过系统向属地综合安全生产监督管理部门备案，或报送备案资料； 3.登记（含重大危险源报备，下同）信息应及时、准确、真实	
		④重大风险经评估确定等级降低或解除的，企业应于规定的时间内通过公路水路行业安全生产风险管理系统予以销号	《公路水路行业安全生产风险管理暂行办法》（交安监发〔2017〕60号）第三十六条规定：重大风险经评估确定等级降低或解除的，生产经营单位应于5个工作日内通过公路水路行业安全生产风险管理系统予以销号	**查资料、系统：** 1.重大风险评估报告； 2.通过公路水路行业安全生产风险管理信息系统进行登记的记录	2	1.重大风险确定等级降低或解除的，生产经营单位未通过公路水路行业安全生产风险管理系统予以销号，不得分； 2.未在5个工作日内通过公路水路行业安全生产风险管理系统予以销号，扣1分	

续上表

评价类目	评价项目	释义	评价方法	标准分值	评价标准	得分
十、风险管理（60分）	6.预测预警	①企业应根据生产经营状况、安全风险管理及隐患排查治理、事故等情况，运用定量或定性的安全生产预测预警技术，建立企业安全生产状况及发展趋势的安全生产预测预警机制	预测预警是通过安全风险管理及隐患排查治理，查找导致危险前兆的根源，控制危险事态的进一步发展或将危险事件扼杀于萌芽状态，以减少危机的发生或降低危机危害程度的过程。预测预警的目的是当风险因素达到预警条件的，企业应及时发出预警信息，并立即采取针对性措施，防范安全生产事故发生；减少危机的发生或降低危机的破坏程度，实现企业的持续经营	查资料： 1.包含预测预警内容的制度文件； 2.定量或定性的安全生产预测预警技术的文件	5	1.相关制度文件未包含预测预警要求内容，不得分； 2.制度未规定运用定量或定性的安全生产预测预警技术，扣2分；定量或定性的安全生产预测预警技术不合适的，扣1分； 3.未开展预测预警活动，扣3分； 4.采用的预测预警技术不适合企业重大危险源或重大风险预测预警实际情况，扣1分； 5.安全生产预测预警机制未定期评审，扣1分；未根据评审结果予以改进，扣1分	

续上表

评价类目	评价项目		释义	评价方法	标准分值	评价标准	得分
十、风险管理（60分）	6.预测预警	②当风险因素达到预警条件的，企业应及时发出预警信息，并立即采取针对性措施，防范安全生产事故发生	当风险因素达到预警条件时，企业应及时发出预警信息，并根据重大风险应急预案立即启动一级预案，按照应急预案要求采取针对性控制措施，防范安全生产事故发生	**查资料：** 1.发出预警信息的风险因素达到预警条件的规定文件； 2.启动应急预案的相关记录； 3.针对性措施的相关记录和台账	3	1.未制定发出预警信息的风险因素达到预警的条件，每项扣1分； 2.达到预警条件，未发出预警，扣1分； 3.无启动应急预案的相关记录，扣1分； 4.无采用相关针对性措施的相关记录和台账，扣1分	
十一、隐患排查和治理（55分）	1.隐患排查	①企业应落实隐患排查治理和防控责任制，组织事故隐患排查治理工作，实行从隐患排查、记录、监控、治理、销账到报告的闭环管理	《中华人民共和国安全生产法》第三十八条 生产经营单位应当建立健全生产安全事故隐患排查治理制度，采取技术、管理措施，及时发现并消除事故隐患。	**查资料：** 1.隐患排查治理和防控制度； 2.隐患排查相关记录和报告	5 ★★★	1.企业应制定隐患排查治理和防控制度； 2.企业应明确隐患排查治理的责任部门和人员； 3.制度应明确安全隐患排查、记录、监控、治理、销账和报告等闭环要求	

续上表

评价类目	评价项目	释 义	评价方法	标准分值	评价标准	得分
十一、隐患排查和治理（55分）	1.隐患排查	《公路水路行业安全生产隐患治理管理暂行办法》（交安监发〔2017〕60号）第九条规定:生产经营单位应当建立健全隐患排查、告知（预警）、整改、评估验收、报备、奖惩考核、建档等制度,逐级明确隐患治理责任,落实到具体岗位和人员。 企业应依据有关法律法规、标准规范等,制定隐患排查治理和防控制度,实行从隐患排查、记录、监控、治理、销账到报告的闭环管理				

续上表

评价类目	评价项目		释义	评价方法	标准分值	评价标准	得分
十一、隐患排查和治理（55分）	1.隐患排查	②企业应依据有关法律法规、标准规范等,组织制定各部门、岗位、场所、设备设施的隐患排查治理标准或排查清单,明确隐患排查的时限、范围、内容和要求,并组织开展相应的培训。隐患排查的范围应包括所有与生产经营相关的场所、人员、设备设施和活动,包括承包商和供应商等相关服务范围	依据《安全生产事故隐患排查治理暂行规定》(国家安全生产监督管理总局令第16号)、《公路水路行业安全生产隐患治理管理暂行办法》(交安监发〔2017〕60号)要求,组织制定各部门、岗位、场所、设备设施的隐患排查治理标准或排查清单,明确隐患排查的时限、范围、内容和要求,并组织开展相应的培训。隐患排查的范围应包括所有与生产经营相关的场所、人员、设备设施和活动,包括承包商和供应商等相关服务范围	**查资料:** 1.隐患排查治理标准或排查清单; 2.隐患排查方案和记录; 3.培训的计划和记录	5 AR	1.未组织制定各部门、岗位、场所、设备设施的隐患排查治理标准或排查清单,扣2分,内容每缺1项,扣0.5分; 2.未制定隐患排查方案,扣1分,隐患排查的时限、范围、内容和要求缺1项,扣0.5分; 3.隐患排查的范围未包括所有与生产经营相关的场所、环境、人员、设备设施和活动,每缺1项扣1分; 4.无开展相应的培训的计划和记录,扣1分	

续上表

评价类目	评价项目	释义	评价方法	标准分值	评价标准	得分
十一、隐患排查和治理（55分）	1.隐患排查	③生产经营单位应当建立事故隐患日常排查、定期排查和专项排查工作机制。日常排查每周应不少于1次，定期排查每半年应不少于1次，并根据政府及有关管理部门安全工作的专项部署、季节性变化或安全生产条件变化情况进行专项排查	《公路水路行业安全生产隐患治理管理暂行办法》（交安监发〔2017〕60号）第十一条规定：生产经营单位应当建立隐患日常排查、定期排查和专项排查工作机制，明确隐患排查的责任部门和人员、排查范围、程序、频次、统计分析、效果评价和评估改进等要求，及时发现并消除隐患。 第十二条规定：日常排查每周应不少于1次。 第十三条规定：隐患专项排查是生产经营单位在一定范围、领域组织开展的针对特定隐患的排查，一般包括： （一）根据政府及有关管理部门安全工作专项部署，开展针对性的隐患排查； （二）根据季节性、规律性安全生产条件变化，开展针对性的隐患排查；	**查资料：** 隐患排查记录	10	1.未开展事故隐患日常排查、定期排查和专项排查工作，不得分；缺1项，扣2分； 2.日常排查每周少于1次，扣1分； 3.定期排查每半年少于1次，扣1分； 4.未根据政府及有关管理部门安全工作的专项部署、季节性变化或安全生产条件变化情况进行专项排查的记录，扣2分	

续上表

评价类目	评价项目		释义	评价方法	标准分值	评价标准	得分
十一、隐患排查和治理（55分）	1.隐患排查	④企业应填写事故隐患排查记录，依据确定的隐患等级划分标准对发现或排查出的事故隐患进行判定，确定事故隐患等级并进行登记，形成事故隐患清单。企业应将重大事故隐患向属地负有安全生产监督管理职责的交通运输管理部门备案	（三）根据新工艺、新材料、新技术、新设备投入使用对安全生产条件形成的变化，开展针对性的隐患排查； （四）根据安全生产事故情况，开展针对性的隐患排查。 第十四条规定：定期排查每半年应不少于1次 企业应根据《公路水路行业安全生产隐患治理管理暂行办法》（交安监发〔2017〕60号）中重大隐患的判定原则，制定企业重大隐患判定标准，依据确定的隐患等级划分标准对发现或排查出的事故隐患进行判定，确定事故隐患等级并进行登记，形成事故隐患清单。 企业应通过系统将重大事故隐患向属地负有安全生产监督管理职责的交通运输管理部门备案	查资料： 1.企业重大隐患判定标准文件； 2.隐患排查记录； 3.事故隐患清单； 4.企业通过系统将重大事故隐患向属地负有安全生产监督管理职责的交通运输管理部门备案记录	5 ★★	1.企业未制定本企业重大隐患判定标准，扣2分； 2.未依据确定的隐患等级划分标准对发现或排查出的事故隐患进行判定，扣1分； 3.未确定事故隐患等级并进行登记，形成事故隐患清单，扣2分； 4.无重大事故隐患向属地负有安全生产监督管理职责的交通运输管理部门备案记录，扣2分	

续上表

评价类目	评价项目		释义	评价方法	标准分值	评价标准	得分
十一、隐患排查和治理（55分）	2.隐患治理	①对于一般事故隐患，企业应按照职责分工立即组织整改，确保及时进行治理	《中华人民共和国安全生产法》第十八条中规定："督促、检查本单位的安全生产工作，及时消除生产安全事故隐患。"《公路水路行业安全生产隐患治理管理暂行办法》（交安监发〔2017〕60号）第十九条规定：生产经营单位应对排查出的隐患立即组织整改，隐患整改情况应当依法如实记录，并向从业人员通报。故对于一般事故隐患，企业应按照职责分工立即组织整改，做到定治理措施、定负责人、定资金来源、定治理期限、定预案，确保及时进行治理	**查资料：**隐患排查治理记录	5	1.企业未保留相关文件资料及活动记录，扣2分；2.未及时组织隐患治理或整改不到位，扣1分；3.未做到定治理措施、定负责人、定资金来源、定治理期限、定预案，缺1项扣0.5分；4.未落实一般安全隐患防范和整改措施，扣1分	

续上表

评价类目	评价项目		释 义	评价方法	标准分值	评价标准	得分
十一、隐患排查和治理（55分）	2.隐患治理	②对于重大事故隐患,企业主要负责人组织制定专项隐患治理整改方案,并确保整改措施、责任、资金、时限和预案"五到位"。整改方案应包括： a.整改的目标和任务； b.整改方案和整改期的安全保障措施； c.经费和物资保障措施； d.整改责任部门和人员； e.整改时限及节点要求； f.应急处置措施； g.跟踪督办及验收部门和人员	《公路水路行业安全生产隐患治理管理暂行办法》（交安监发〔2017〕60号）第二十二条规定：重大隐患整改应制定专项方案,包括以下内容： （一）整改的目标和任务； （二）整改技术方案和整改期的安全保障措施； （三）经费和物资保障措施； （四）整改责任部门和人员； （五）整改时限及节点要求； （六）应急处置措施； （七）跟踪督办及验收部门和人员。 《安全生产事故隐患排查治理暂行规定》（国家安全生产监督管理总局令第16号）企业应当按照国家有关规定将本单位重大危险源及有关安全措施、应急措施,报负有安全生产监督管理的部门和有关部门备案,做到整改措施、责任、资金、时限和预案"五到位"	**查资料**： 1.重大隐患清单； 2.专项隐患治理整改方案和记录	5 AR	1.未组织制定专项隐患治理整改方案,缺1项扣1分； 2.整改专项方案不符合要求,每处扣1分； 3.无"五到位"的记录和证据,扣1分	

续上表

评价类目	评价项目	释义	评价方法	标准分值	评价标准	得分
十一、隐患排查和治理（55分）	2.隐患治理	③企业在事故隐患整改过程中,应采取相应的监控防范措施,防止发生次生事故	《公路水路行业安全生产隐患治理管理暂行办法》(交安监发〔2017〕60号)第二十一条规定:生产经营单位在隐患整改过程中,应当采取相应的安全防范措施,防范发生安全生产事故	查资料： 1.企业在事故隐患整改过程中,采取相应的监控防范措施的记录和证据； 2.事故报告	5	1.企业在事故隐患整改过程中,无采取相应的监控防范措施的记录和证据,扣2分； 2.有发生次生事故的,扣3分	
		④事故隐患整改完成后,企业应按规定进行验证或组织验收,出具整改验收结论,并签字确认；重大事故隐患整改验收通过的,企业应将验收结论向属地负有安全生产监督管理职责的交通运输管理部门报备,并申请销号	《公路水路行业安全生产隐患治理管理暂行办法》(交安监发〔2017〕60号)第二十条规定:一般隐患整改完成后,应由生产经营单位组织验收,出具整改验收结论,并由验收主要负责人签字确认。第二十四条规定:重大隐患整改验收通过的,生产经营单位应将验收结论向属地负有安全生产监督管理职责的交通运输管理部门报备,并申请销号	查资料： 隐患整改验收记录。 查系统： 1.重大事故隐患报备资料； 2.销号申请记录和申报材料	5 ★★★	1.一般隐患整改完成后,生产经营单位应组织验收； 2.应有整改验收结论记录； 3.验收主要负责人应签字确认； 4.重大事故隐患整改验收通过的,企业应将验收结论向属地负有安全生产监督管理职责的交通运输管理部门报备资料	

续上表

评价类目		评价项目	释义	评价方法	标准分值	评价标准	得分
十一、隐患排查和治理（55分）	2.隐患治理					5.应有销号申请记录； 6.报备申请材料应包括：重大隐患基本情况及整改方案；重大隐患整改过程；验收机构或验收组基本情况；验收报告及结论	
		⑤企业应对重大事故隐患形成原因及整改工作进行分析评估，及时完善相关制度和措施，依据有关规定和制度对相关责任人进行处理，并开展有针对性的培训教育	《公路水路行业安全生产隐患治理管理暂行办法》（交安监发〔2017〕60号）第二十五条规定：重大隐患整改验收完成后，生产经营单位应对隐患形成原因及整改工作进行分析评估，及时完善相关制度和措施，依据有关规定和制度对相关责任人进行处理，并开展有针对性的培训教育	查资料： 1.重大隐患分析评估记录和文件资料； 2.对相关制度和措施修改完善记录； 3.相关责任人进行处理文件记录； 4.开展针对性的培训教育的记录	5	1.生产经营单位无对隐患形成原因及整改工作进行分析评估记录和文件资料，扣2分； 2.未根据分析评估结果，对相关制度和措施修改完善，扣1分； 3.无依据规定和制度对相关责任人进行处理文件记录，扣2分； 4.未开展针对性的培训教育的记录，扣1分	

续上表

评价类目	评价项目		释义	评价方法	标准分值	评价标准	得分
十一、隐患排查和治理（55分）	2.隐患治理	⑥企业应对事故隐患排查治理情况如实记录，建立相关台账，并定期组织对本单位事故隐患治理情况进行统计分析，及时梳理、发现安全生产问题和趋势，形成统计分析报告，改进安全生产工作	《公路水路行业安全生产隐患治理管理暂行办法》（交安监发〔2017〕60号）第十七条规定：生产经营单位应认真填写隐患排查记录，形成隐患排查工作台账，包括排查对象或范围、时间、人员、安全技术状况、处理意见等内容，经隐患排查直接责任人签字后妥善保存。第二十六条规定：生产经营单位应当根据生产经营活动特点，定期组织对本单位隐患治理情况进行统计分析，及时梳理、发现安全生产苗头性问题和规律，形成统计分析报告，改进安全生产工作	查资料： 1.隐患排查工作台账； 2.隐患治理情况进行统计分析记录	5	1.生产经营单位填写隐患排查记录不准确、全面，扣1分； 2.隐患排查工作台账不完整、不规范；缺治理方案、控制措施、评估报告书、验收报告等过程记录，每项扣1分，未及时归档保存，扣1分； 3.未进行统计分析的，扣1分； 4.未根据分析报告，改进安全生产工作，扣2分。有改进，无记录的，扣1分	

续上表

评价类目	评价项目		释 义	评价方法	标准分值	评价标准	得分
十二、职业健康（50分）	1.健康管理	①企业应落实职业病防治主体责任,按规定设置职业健康管理机构和配备专（兼）职管理人员；落实职业病危害告知、日常监测、定期报告和防护保障等制度措施	《中华人民共和国职业病防治法》规定：用人单位应当采取下列职业病防治管理措施： （一）设置或者指定职业卫生管理机构或者组织,配备专职或者兼职的职业卫生管理人员,负责本单位的职业病防治工作； （二）制定职业病防治计划和实施方案； （三）建立、健全职业卫生管理制度和操作规程； （四）建立、健全职业卫生档案和劳动者健康监护档案； （五）建立、健全工作场所职业病危害因素监测及评价制度； （六）建立、健全职业病危害事故应急救援预案。	**查资料：** 1.企业设置或任命职业健康管理机构或人员文件； 2.企业职业危害管理制度； 3.企业建立的职业卫生档案； 4.企业定期职业危害因素监测记录； 5.劳动合同。 **现场检查：** 职业危害场所及岗位	5	1.未设置职业健康管理机构或未指定专兼职人员的,不得分； 2.人员不能胜任的,不得分； 3.未建立职业危害管理制度的,不得分； 4.未按照职业危害管理制度开展日常职业危害检测和管理活动的,每项扣1分； 5.未向劳动者告知工作过程中可能产生的职业病危害及其后果的,每少1人扣0.5分	

续上表

评价类目	评价项目		释　义	评价方法	标准分值	评价标准	得分
十二、职业健康（50分）	1.健康管理		《中华人民共和国职业病防治法》第三十三条规定：用人单位与劳动者订立劳动合同（含聘用合同，下同）时，应当将工作过程中可能产生的职业病危害及其后果、职业病防护措施和待遇等如实告知劳动者，并在劳动合同中写明，不得隐瞒或者欺骗。 劳动者在已订立劳动合同期间因工作岗位或者工作内容变更，从事与所订立劳动合同中未告知的存在职业病危害的作业时，用人单位应当依照前款规定，向劳动者履行如实告知的义务，并协商变更原劳动合同相关条款				

续上表

评价类目	评价项目		释 义	评价方法	标准分值	评价标准	得分
十二、职业健康（50分）	1.健康管理	②企业应制定职业危害防治计划和实施方案，对存在职业危害的作业场所的作业人员定期进行职业健康检查，并对检查结果进行分析和提出建议，建立、健全企业职业卫生档案和从业人员健康监护档案	《中华人民共和国职业病防治法》第四条规定：劳动者依法享有职业卫生保护的权利。用人单位应当为劳动者创造符合国家职业卫生标准和卫生要求的工作环境和条件，并采取措施保障劳动者获得职业卫生保护。工会组织依法对职业病防治工作进行监督，维护劳动者的合法权益。用人单位制定或者修改有关职业病防治的规章制度，应当听取工会组织的意见。 第三十五条规定：对从事接触职业病危害的作业的劳动者，用人单位应当按照国务院安全生产监督管理部门、卫生行政部门的规定组织上岗前、在岗期间和离岗时的职业健康	查资料： 1.职业健康检查记录； 2.存在职业危害的作业场所的从业人员健康监护档案。 现场检查： 存在职业危害的作业场所预防措施落实情况	5	1.存在职业危害的作业场所防护设施和环境不符合法规及标准规范要求的，每个扣2分； 2.未对职业危害岗位人员进行上岗前、在岗期间和离岗时的职业健康检查的，每缺少1人扣1分； 3.未建立从业人员健康监护档案的，每缺1人扣1分； 4.有职业禁忌症从业人员从事职业危害作业的，不得分	

续上表

评价类目	评价项目	释义	评价方法	标准分值	评价标准	得分
十二、职业健康(50分)	1.健康管理	检查,并将检查结果书面告知劳动者。职业健康检查费用由用人单位承担。用人单位不得安排未经上岗前职业健康检查的劳动者从事接触职业病危害的作业;不得安排有职业禁忌的劳动者从事其所禁忌的作业;对在职业健康检查中发现有与所从事的职业相关的健康损害的劳动者,应当调离原工作岗位,并妥善安置;对未进行离岗前职业健康检查的劳动者不得解除或者终止与其订立的劳动合同。 第三十六条规定:用人单位应当为劳动者建立职业健康监护档案,并按照规定的期限妥善保存				

续上表

评价类目	评价项目		释义	评价方法	标准分值	评价标准	得分
十二、职业健康（50分）	2.工伤保险	为从业人员缴纳工伤保险，为从事危险作业人员办理意外伤害险	《中华人民共和国工伤保险条例》第二条规定：中华人民共和国境内的企业、事业单位、社会团体、民办非企业单位、基金会、律师事务所、会计师事务所等组织和有雇工的个体工商户（以下称用人单位）应当依照本条例规定参加工伤保险，为本单位全部职工或者雇工（以下称职工）缴纳工伤保险费。中华人民共和国境内的企业、事业单位、社会团体、民办非企业单位、基金会、律师事务所、会计师事务所等组织的职工和个体工商户的雇工，均有依照本条例的规定享受工伤保险待遇的权利	**查资料：** 1.工伤保险投保记录； 2.危险作业人员意外伤害险投保记录	5	1.未为从业人员投标工伤保险，不得分； 2.危险作业人员未投保意外伤害险，扣3分	

续上表

评价类目	评价项目	释义	评价方法	标准分值	评价标准	得分
十二、职业健康（50分）	3.职业危害申报 企业应按规定及时、如实向当地主管部门申报运营过程中存在的职业病危害因素,并接受其监督	《中华人民共和国职业病防治法》第十六条规定:国家建立职业病危害项目申报制度。用人单位工作场所存在职业病目录所列职业病的危害因素的,应当及时、如实向所在地安全生产监督管理部门申报危害项目,接受监督	查资料：1.企业在作业场所职业病危害申报与备案管理系统中申报记录；2.企业向所在地安全生产监督管理部门申报备案记录	5	1.存在职业病危害因素的用人单位未进行作业场所职业病危害申报与备案的,不得分；2.企业针对主管部门提出的整改措施未进行及时整改的,每项扣2分	
	4.职业危害告知 ①企业与从业人员订立劳动合同时,应将工作过程中可能产生的职业病危害及后果和防护措施等如实告知从业人员,并在劳动合同中写明	《中华人民共和国职业病防治法》第三十三条规定:用人单位与劳动者订立劳动合同(含聘用合同,下同)时,应当将工作过程中可能产生的职业病危害及其后果、职业病防护措施和待遇等如实告知劳动者,并在劳动合同中写明,不得隐瞒或者欺骗。	查资料：员工劳动合同	5	1.员工劳动合同未将职业危害情况进行告知的,扣3分；2.未将职业危害因素、防范措施和应急措施告知作业人员和相关方的,扣2分	

续上表

评价类目	评价项目	释义	评价方法	标准分值	评价标准	得分
十二、职业健康（50分）	4.职业危害告知	对作业场所存在的职业危害因素、相应的防范措施和应急措施告知岗位作业人员和相关方人员。《用人单位职业病防治指南》规定，签订的劳动合同中应载明可能产生的职业危害及其后果。用人单位应与所有形式的用工者签订劳动合同。在劳动合同中，用人单位应将工作过程中可能产生的职业病危害的种类、危害程度及其后果告知劳动者，将职业病危害告知作为劳动合同的必备条款。劳动合同签订后，用人单位变更劳动者工作岗位或工作内容，使劳动者接触原订立的劳动合同中没有告知的职业病危害因素时，应如实向劳动者告知并作说明				

续上表

评价类目	评价项目		释　义	评价方法	标准分值	评价标准	得分
十二、职业健康（50分）	4.职业危害告知	②企业应向从业人员和相关方告知作业场所及工作岗位存在的职业危害因素、防范措施及应急措施	《用人单位职业病防治指南》规定：用人单位应通过公告栏、合同、书面通知或其他有效方式告知劳动者工作场所职业病危害因素监测及评价结果。用人单位应建立、健全岗位职业病危害事故应急救援措施并在工作场所和工作岗位的醒目位置公告。应急救援措施公告应简明易懂，条款清楚，用词规范，还应保证劳动者理解掌握。应急救援措施应针对作业岗位的特点，包括事故发生后的报告程序和时限，自救、他救方法和临时应急处理原则等	查资料：查职业危害告知记录或职业危害告知牌	5	1.无职业危害告知不得分；2.职业危害告知不符合企业作业现场实际，扣3分；3.职业危害告知无防范措施和应急措施，缺1项内容扣2分	

续上表

评价类目	评价项目	释义	评价方法	标准分值	评价标准	得分
十二、职业健康（50分）	5.环境与条件	①企业对存在严重职业危害的作业岗位，应按照 GB Z158—2003 要求设置警示标识和警示说明。警示说明应载明职业危害的种类、后果、预防和应急救治措施	《中华人民共和国职业病防治法》第四条规定：劳动者依法享有职业卫生保护的权利。用人单位应当为劳动者创造符合国家职业卫生标准和卫生要求的工作环境和条件，并采取措施保障劳动者获得职业卫生保护。 第二十四条规定：产生职业病危害的用人单位，应当在醒目位置设置公告栏，公布有关职业病防治的规章制度、操作规程、职业病危害事故应急救援措施和工作场所职业病危害因素检测结果。对产生严重职业病危害的作业岗位，应当在其醒目位置，设置警示标识和中文警示说明。警示说明应当载明产生职业病危害的种类、后果、预防以及应急救治措施等内容。 第二十八条规定：	现场检查： 1.职业危害场所现场告知及公示； 2.对存在严重职业危害的作业岗位，按照《工作场所职业危害警示标识》（GBZ 158—2003）的要求，在醒目位置设置警示标志和警示说明	2	1.对存在严重职业危害的作业岗位未设置标志和说明的，不得分；缺少标志和说明的，每处扣0.5分；标志和说明内容（含职业危害的种类、后果、预防以及应急救治措施等）不全的，每处扣0.5分； 2.产生职业病危害的用人单位，未在醒目位置设置公告栏，公布有关职业病防治的规章制度、操作规程、职业病危害事故应急救援措施和工作场所职业病危害因素检测结果的，每处扣0.5分	

续上表

评价类目	评价项目	释 义	评价方法	标准分值	评价标准	得分
十二、职业健康（50分）	5.环境与条件	向用人单位提供可能产生职业病危害的设备的，应当提供中文说明书，并在设备的醒目位置设置警示标识和中文警示说明。警示说明应当载明设备性能、可能产生的职业病危害、安全操作和维护注意事项、职业病防护以及应急救治措施等内容。 第二十九条规定：向用人单位提供可能产生职业病危害的化学品、放射性同位素和含有放射性物质的材料的，应当提供中文说明书。说明书应当载明产品特性、主要成分、存在的有害因素、可能产生的危害后果、安全使用注意事项、职业病防护以及应急救治措施等内容。产品包装应当有醒目的警示标识和中文警示说明。贮存上述材料的场所应当在规定的部位设置危险物品标识或者放射性警示标识				

续上表

评价类目	评价项目		释　义	评价方法	标准分值	评价标准	得分
十二、职业健康（50分）	5.环境与条件	②企业应建立职业卫生监测制度，对施工现场涉及的职业危害因素定期检测	《中华人民共和国职业病防治法》第二十条规定：用人单位应当采取下列职业病防治管理措施： （一）设置或者指定职业卫生管理机构或者组织，配备专职或者兼职的职业卫生管理人员，负责本单位的职业病防治工作； （二）制定职业病防治计划和实施方案； （三）建立、健全职业卫生管理制度和操作规程； （四）建立、健全职业卫生档案和劳动者健康监护档案； （五）建立、健全工作场所职业病危害因素监测及评价制度； （六）建立、健全职业病危害事故应急救援预案。 《中华人民共和国职业病防治法》第二十六条规定：用人单位应当实施由专人负责的职业病危害因素日常监测，并确保监测系统处于正常运行状态	查资料： 1.职业卫生监测制度； 2.存在职业病危害的场所职业危害因素检测记录	5	1.无职业卫生监测制度扣2分； 2.存在职业病危害的场所，无职业病危害因素检测记录或报告的，扣3分	

续上表

评价类目		评价项目	释义	评价方法	标准分值	评价标准	得分
十二、职业健康（50分）	5.环境与条件	③企业对长期在某一涉及职业健康的岗位或发现有职业禁忌症的从业人员应实行换岗制度	《中华人民共和国职业病防治法》第三十五条规定：用人单位不得安排未经上岗前职业健康检查的劳动者从事接触职业病危害的作业；不得安排有职业禁忌的劳动者从事其所禁忌的作业；对在职业健康检查中发现有与所从事的职业相关的健康损害的劳动者，应当调离原工作岗位，并妥善安置；对未进行离岗前职业健康检查的劳动者不得解除或者终止与其订立的劳动合同。《用人单位职业病防治指南》规定：用人单位在在岗期间定期体检中，一旦发现劳动者出现与从事的职业相关的健康损害，应将其调离原岗位，做好再就业的技术培训，同时还应进行妥善安置，包括调换工种和岗位、医学观察、诊断、治疗和疗养等一系列措施	查资料： 1.职业危害从业人员换岗制度； 2.接触职业危害的从业人员换岗记录档案	3	1.无换岗制度的，扣1分； 2.长期接触职业危害或有职业禁忌症的从业人员未进行换岗的，不得分； 3.无换岗档案记录的，扣2分	

续上表

评价类目	评价项目	释义	评价方法	标准分值	评价标准	得分
十二、职业健康（50分）	6.个体防护	①企业应企业应建立个体防护装备管理制度，为从业人员提供符合国家标准或行业标准的个体防护用品和器具，并监督、教育从业人员正确佩戴、使用	《中华人民共和国职业病防治法》第二十二条规定：用人单位必须采用有效的职业病防护设施，并为劳动者提供个人使用的职业病防护用品。 用人单位为劳动者个人提供的职业病防护用品必须符合防治职业病的要求；不符合要求的，不得使用	**查资料：** 1.查个体防护装备管理制度 2.查看个体防护用品台账和发放记录。 **现场检查：** 现场查看作业人员佩戴防护用品情况	5	1.无防护用品台账，扣1分； 2.无发放记录，扣2分； 3.现场查看作业人员未按规定佩戴个人防护用品的，每发现1人，扣2分	
		②企业应配备必要的职业病防护设施、器具，并对防护设施和器具进行定期检验、检测维护和维修，确保其处于正常状态	《中华人民共和国职业病防治法》第二十五条规定：对可能发生急性职业损伤的有毒、有害工作场所，用人单位应当设置报警装置，配置现场急救用品、冲洗设备、应急撤离通道和必要的泄险区。对放射工作场所和放射性同位素的运输、贮存，用人单位必须配置防护设备和报警装置，保证接触放射线的工作人员佩戴个人剂量	**查资料：** 查看职业病防护设施检查维护、维修记录。 **现场检查：** 职业病防护设施配备情况和使用状况	5	1.职业病防护设施无检查维护、维修记录的，扣2分； 2.现场检查需配备职业病防护设施的区域未配备的，不得分	

续上表

评价类目	评价项目		释义	评价方法	标准分值	评价标准	得分
十二、职业健康（50分）	6.个体防护		计。对职业病防护设备、应急救援设施和个人使用的职业病防护用品，用人单位应当进行经常性的维护、检修，定期检测其性能和效果，确保其处于正常状态，不得擅自拆除或者停止使用				
十三、安全文化（30分）	1.安全环境	①设立安全文化廊、安全角、黑板报、宣传栏等员工安全文化阵地，宣传栏内容每月至少更换1次	所称"安全文化"是指被企业组织的员工群体所共享的安全价值观、态度、道德和行为规范组成的统一体。加强安全教育基地建设，充分利用电视、互联网、报纸、广播等多种形式和手段普及安全常识，增强全社会科学发展、安全发展的思想意识是每一个企业责任和义务。企业按照《企业安全文化建设导则》（AQ/T 9004—2008）要求，从思想上、心态上去宣传、教育、引导，不断向员工灌输"以人为本，安全第一""安全就是效益、安全创造效	查资料：安全文化宣传资料。现场检查：查企业安全文化阵地	5	1.未设立安全文化廊、安全角、黑板报、宣传栏等员工安全文化阵地的，不得分；2.安全文化阵地内容不符合法规要求的，每项扣0.5分；3.宣传内容未及时进行更新的，扣2分	

续上表

评价类目	评价项目		释 义	评价方法	标准分值	评价标准	得分
十三、安全文化（30分）	1.安全环境		益""行为源于认识,预防胜于处罚,责任重于泰山""安全不是为了别人,而是为了你自己"安全价值观,形成人人重视安全,人人为安全尽责的良好氛围。应从制度上明确企业安全文化宣传的频率,内容和方式,从而促使企业自觉主动开展安全文化创建活动				
		②公开安全生产举报电话号码、通信地址或者电子邮件信箱。对接到的安全生产举报和投诉及时予以调查和处理,并公开处理结果	加强对安全生产违法违规行为监督管理对于减少和杜绝安全生产"三违"行为有着十分重要意义。企业要充分发挥广大职工的参与作用,依法维护和落实企业职工对安全生产的参与权与监督权,鼓励职工监督举报各类安全隐患,对处理结果要及时公开,起到警示警醒的作用	查资料： 1.安全生产举报投诉及调查管理制度； 2.安全生产举报投诉登记台账。 现场检查： 1.是否公开安全生产举报、投诉电话号码、通信地址或电子邮箱等安全生产举报投诉渠道； 2.是否公布调查处理结果	5 AR	1.无安全生产举报投诉制度,扣2分； 2.没有公开安全生产举报投诉渠道,扣2分； 3.对接到的安全生产举报和投诉未及时调查和处理或处理结果未公开的,每次扣0.5分	

续上表

评价类目	评价项目		释义	评价方法	标准分值	评价标准	得分
十三、安全文化（30分）	2.安全行为	①企业应建立包括安全价值观、安全愿景、安全使命和安全目标等在内的安全承诺	本条所称"安全承诺"是指由企业公开做出的、代表了全体员工在关注安全和追求安全绩效方面所具有的稳定意愿及实践行动的明确表示。安全承诺就是兑现落实安全生产责任，并通过公开承诺这种形式约束和规范自身的行为，接受政府、社会和从业人员的监督	查资料： 1.查企业开展安全承诺活动证明资料； 2.安全生产承诺书。 询问： 抽查1~3名员工是否了解安全承诺的内容	5★	1.企业未开展安全承诺活动，扣5分； 2.未签订安全承诺书，扣1分； 3.相关人员不了解安全承诺内容的，每人次扣0.5分	
		②企业应结合企业实际编制员工安全知识手册，并发放到职工	编制员工安全知识手册是宣传安全文化的一个重要载体，也是企业规范员工安全行为的一项重要措施，企业应该按照有关规定编制安全知识手册，并发放到每位员工。目的在于让所有从业人员时刻保持安全警钟长鸣，让安全意识常增，让企业发展常安	查资料： 1.企业安全知识手册； 2.安全知识手册发放记录。 询问： 抽查1~3名员工对本岗位相关的安全知识手册内容是否熟悉	5	1.没有编制手册，不得分； 2.无发放记录，扣2分； 3.抽查从业人员，询问人员不了解本岗位相关安全知识手册内容的，每人次扣1分	

续上表

评价类目	评价项目		释义	评价方法	标准分值	评价标准	得分
十三、安全文化（30分）	2.安全行为	③企业应组织开展安全生产月活动、安全生产班组竞赛活动,有方案、有总结	每年6月我国各大部委都要组织开展安全生产月活动,安全生产月活动及有关安全生产竞赛活动已成为安全生产管理过程中的一项重要活动。通过活动营造安全生产氛围,进一步强化企业安全管理,增强从业人员的安全意识,促进企业安全生产的持续稳定。 企业应按国家、有关上级部门和行业主管部门要求,结合企业制度和实际,制定本企业的活动方案,明确指导思想、活动主题、领导组织机构、具体内容和总结上报等活动要求	查资料： 1.企业开展安全生产月活动和安全生产班组竞赛活动的方案； 2.相关活动记录资料； 3.相关活动总结材料	5	1.未制定安全生产月活动、安全生产班组竞赛活动方案的,每项扣1分； 2.未按方案开展相关活动的,每项扣1分； 3.未对相关活动进行总结,每项扣2分	

续上表

评价类目	评价项目	释　义	评价方法	标准分值	评价标准	得分
十三、安全文化（30分）	2.安全行为	④企业应对安全生产进行检查、评比、考评，总结和交流经验，推广安全生产先进管理方法，对在安全工作中做出显著成绩的集体、个人给予表彰、奖励，并与其经济利益挂钩	对安全生产进行多种形式的检查，有利于企业各部门、基层单位发现和整改安全隐患，通过评比、考评，有利于优秀集体或个人脱颖而出。通过对优秀集体或个人的好的安全管理经验进行总结，一方面使优者将其好的做法和经验进行提升、固化，另一方面更有利于其他集体或个人进行学习，促进其安全绩效的不断改进和企业整体安全管理水平的不断提升。至少每年对在安全工作中做出显著成绩的集体、个人给予一次表彰和奖励，并与其经济利益挂钩。一方面对优秀集体和个人的安全管理和安全行为的充分肯定和鼓励，有利于其继续保持良好的作风和传统；另一方面，有利于充分发挥优秀集体和个人的榜样和典范作用	**查资料**： 1. 安全生产管理制度； 2. 企业定期总结和交流经验，推广安全生产先进管理方法的证明材料； 3. 奖励表彰的证明文件	5	1. 未定期开展总结和交流经验，推广安全生产先进管理方法活动的，扣2分； 2. 未按规定对安全工作中做出显著成绩的集体、个人给予进行表彰、奖励的，扣3分	

续上表

评价类目	评价项目	释 义	评价方法	标准分值	评价标准	得分
十四、应急管理（70分）	1.预案制定	①企业应在开展安全风险评估和应急资源调查的基础上，建立生产安全事故应急预案体系，制定符合GB/T 29639—2013规定的生产安全事故应急预案，针对安全风险较大的重点场所(设施)制定现场处置方案，并编制重点岗位、人员应急处置卡	生产安全事故应急救援预案，是指生产经营单位根据本单位的实际情况，针对可能发生的事故的类别、性质、特点和范围等情况制定的事故发生时的组织、技术措施和其他应急措施	查资料：1.安全风险评估和应急资源调查报告；2.生产安全事故应急预案；3.现场处置方案及重点岗位、人员的应急处置卡	10 AR	1.未编制安全风险评估和应急资源调查报告，扣1分；2.生产安全事故应急预案体系不全，每项扣2分；3.现场处置方案不全，每项扣2分；4.重点岗位、人员应急处置卡不全，或处置卡信息不完整，每项扣1分	
		②应急预案应与当地政府、行业管理部门预案保持衔接，报当地有关部门备案，通报有关协作单位	根据《企业安全生产标准化基本规范》和《关于进一步加强企业安全生产工作的通知》，企业应急预案应根据有关规定报当地主管部门备案，与当地政府应急预案保持衔接，通报有关应急协作单位，并定期进行演练	查资料：1.文件：获取的当地政府、行业管理部门的应急预案；2.应急预案报当地有关部门备案的记录；3.应急预案通报有关协作单位的记录	5	1.未明确如何将企业突发事件应急预案与行业主管部门、政府预案保持衔接，扣3分；2.突发事件应急预案未报备属地行业主管部门和当地政府安全监督管理等部门，扣2分；3.未与协作单位联动，扣1分	

续上表

评价类目	评价项目		释义	评价方法	标准分值	评价标准	得分
十四、应急管理（70分）	1.预案制定	③企业应组织开展应急预案评审或论证，并定期进行评估和修订	根据《企业安全生产标准化基本规范》和《生产安全事故应急预案管理办法》，应急预案应定期评审，并根据评审结果或实际情况的变化进行修订和完善，至少每3年修订1次，预案修订情况应有记录并归档	**查资料：** 1.应急预案定期评审的管理规定； 2.应急预案的定期评审记录：包括评审会议签到表、应急预案评审记录等； 3.应急预案修订相关记录	5 ★★	1.未将应急预案执行情况纳入企业安全生产标准化定期评审制度，不得分； 2.未按规定对应急预案进行定期评审，不得分； 3.未根据评审情况对预案进行修改完善，扣3分； 4.查相关记录，应急预案修订未向事先报备或通报的单位或部门报告，扣2分	

续上表

评价类目	评价项目	释　义	评价方法	标准分值	评价标准	得分
十四、应急管理（70分）	2.预案实施	应开展展应急预案的宣传教育培训，使有关人员了解应急预案内容，熟悉应急职责、应急程序和应急处置方案，并普及生产安全事故预防、避险、自救和互救知识	《生产安全事故应急预案管理办法》第三十条规定：各级安全生产监督管理部门、各类生产经营单位应当采取多种形式开展应急预案的宣传教育，普及生产安全事故避险、自救和互救知识，提高从业人员和社会公众的安全意识与应急处置技能。 第三十一条规定：各级安全生产监督管理部门应当将本部门应急预案的培训纳入安全生产培训工作计划，并组织实施本行政区域内重点生产经营单位的应急预案培训工作。 生产经营单位应当组织开展本单位的应急预案、应急知识、自救互救和避险逃生技能的培训活动，使有关人员了解应急预案内容，熟悉应急职责、应急处置程序和措施	**查资料：** 企业开展应急预案的宣传教育培训的档案资料。 **询问：** 从业人员是否了解应急预案内容，熟悉应急职责、应急程序和应急处置方案等	5	1.未开展宣传教育或无记录不得分； 2.宣传教育内容缺项的，扣2分	

续上表

评价类目	评价项目		释义	评价方法	标准分值	评价标准	得分
十四、应急管理（70分）	3.应急队伍	①企业应按照有关规定建立应急管理组织机构或指定专人负责应急管理工作，建立与本企业安全生产特点相适应的专（兼）职应急救援队伍	《企业安全生产标准化基本规范》规定：企业应按照有关规定建立应急管理组织机构或指定专人负责应急管理工作，建立与本企业安全生产特点相适应的专（兼）职应急救援队伍	查资料： 1.建立应急管理组织机构或专（兼）职应急救援队伍的文件； 2.应急救援队伍职责； 3.应急救援人员名单。 询问： 抽查3~5名应急救援人员联系方式并验证	5	1.未明确相应的专（兼）职应急救援队伍的组成、职责，扣5分； 2.未汇编应急救援人员的岗位、姓名、联系方式，扣3分； 3.按应急救援人员名单，抽查1~3名，联系方式等信息不准确，扣2分	
		②企业应组织应急救援人员日常训练	为提高应急救援队伍的应急处置能力和应急救援技能，应定期组织应急救援人员进行应急训练	查资料： 1.应急救援人员日常训练计划； 2.应急救援人员日常训练记录，包括签到表、训练记录、训练效果评价记录	5	1.未制定应急救援人员日常训练计划，扣5分；内容不完善，扣1~2分； 2.未按计划组织应急救援人员训练，扣3分； 3.应急救援人员日常训练记录不完整，每缺1项，扣1分	

续上表

评价类目	评价项目	释义	评价方法	标准分值	评价标准	得分
十四、应急管理（70分）	4.应急物资 ①企业应根据可能发生的事故种类特点，按照有关规定设置应急设施，配备应急装备，储备应急物资	应急装备是指用于应急管理与应急救援的工具、器材、服装、技术力量等。《企业安全生产标准化基本规范》规定：企业应根据可能发生的事故种类特点，按照有关规定设置应急设施，配备应急装备，储备应急物资，建立管理台账，安排专人管理，并定期检查、维护，确保其完好、可靠	查资料：1.公司应急物资/设施台账；2.应急物资购置、更新、发放台账。现场检查：救援应急物资、装备的储备场所；配备应急物资/装备的种类、数量	5 AR	1.未按规定配备相应的救援应急物资和装备，扣5分；2.未及时配置和更新应急物资，每缺少1项扣0.5分	
	②企业应建立管理台账，安排专人管理，并定期检查、维护，确保其完好、可靠	《生产安全事故应急预案管理办法》规定：生产经营单位应当按照应急预案的规定，落实应急指挥体系、应急救援队伍、应急物资及装备，建立应急物资、装备配备及其使用档案，并对应急物资、装备进行定期检测和维护，使其处于适用状态	查资料：1.应急物资购置、更新、发放台账；2.应急物资/装备定期检测、维护记录。现场检查：应急装备的使用状态	5	1.未建立应急装备维护、检查检测、使用状况的台账和档案，扣3分；记录不详细，扣1分；2.现场查看，按规定对应急装备进行日常维护和检查，应急装备状态不良，每个扣1分	

续上表

评价类目	评价项目		释义	评价方法	标准分值	评价标准	得分
十四、应急管理（70分）	5.应急演练	①企业应按照AQ/T 9007—2011的规定定期组织公司（厂）、车间（工段、区、队、船、项目部）、班组开展生产安全事故应急演练，做到一线从业人员参与应急演练全覆盖	应急预案演练是指针对可能发生的事故、按照应急预案规定的程序和要求所进行的程序化模拟训练演练。《生产安全事故应急预案管理办法》规定：生产经营单位应当制定本单位的应急预案演练计划，根据本单位的事故风险特点，每年至少组织一次综合应急预案演练或者专项应急预案演练，每半年至少组织一次现场处置方案演练	查资料： 1.应急预案演练计划； 2.应急预案演练记录，包括应急预案演练通知、演练方案、演练签到表、演练记录及影像资料	5 ★★★	1.应按规定制定应急预案演练计划，并印发； 2.应按计划开展应急演练，并保留应急演练记录；应急演练记录，应完整、齐全，真实	
		②企业应按照AQ/T 9009—2015的规定对演练进行总结和评估，根据评估结论和演练发现的问题，修订、完善应急预案，改进应急准备工作	《生产安全事故应急预案管理办法》规定：应急预案演练结束后，应急预案演练组织单位应当对应急预案演练效果进行评估，撰写应急预案演练评估报告，分析存在的问题，并对应急预案提出修订意见	查资料： 1.应急演练总结和评估的规定（明确责任人和要求）； 2.应急演练总结、评审记录、评审报告； 3.演练发现问题的分析整改资料； 4.应急预案修订相关资料	5	1.未明确应急演练效果评审的责任人和要求，扣2分； 2.未及时编写评审报告，扣5分；评审报告内容不完善，扣1~2分； 3.评审提出的问题的分析整改资料不完善，扣2分； 4.未针对存在的问题，对应急预案提出修订意见，并及时修订；扣3分	

续上表

评价类目	评价项目	释义	评价方法	标准分值	评价标准	得分
十四、应急管理（70分）	6.应急处置	发生事故后，企业应根据预案要求，立即启动应急响应程序，按照有关规定报告事故情况，并开展先期处置	《生产安全事故应急预案管理办法》规定：生产经营单位发生事故时，应当第一时间启动应急响应，组织有关力量进行救援，并按照规定将事故信息及应急响应启动情况报告事故发生地县级以上人民政府应急管理部门和其他负有安全生产监督管理职责的部门	查资料： 1.事故台账； 2.事故调查处理报告	5	1.未发生过事故的，本项得满分； 2.接到事故信息后，未按规定及时启动应急预案，并实施现场应急救援，扣5分； 3.应急预案不能起到快速反应、迅速处置，避免人员伤亡、减少财产损失、降低环境污染程度，扣3分； 4.未按规定向有关部门报告事故情况，扣3分	
	7.应急评估	①企业应对应急准备、应急处置工作进行评估	应急准备评估是对政府、生产经营单位的应急管理机构、应急预案编制、应急培训、应急演练、应急队伍、应急资源等进行评估，以确保其具备相应的应急准备能力、保存其持续改进机制，并形成书面报告的活动	查资料： 1.应急准备、应急处置评估管理规定； 2.应急准备、应急处置评估计划，可包括（动态评估、静态评估）； 3.应急准备、应急处置评估记录、评估报告； 4.评估发现问题的整改、落实资料	5★	1.未制定应急准备、应急处置评估相关规定，扣2分； 2.未按计划开展应急准备/应急处置评估，评估报告内容不全，扣1~3分； 3.应急准备、应急处置评估记录、问题整改记录等，不全，缺1项，扣0.5分	

续上表

评价类目	评价项目	释义	评价方法	标准分值	评价标准	得分
十四、应急管理（70分）	7.应急评估 ②运输、储存危险物品或处置废弃危险物品的企业,应每年进行1次应急准备评估	安全生产应急准备评估指南中要求被评估单位至少每年组织1次安全生产应急准备评估,所编制的评估报告应针对评估过程中发现的问题制定整改措施,并组织落实	查资料：1.年度应急准备评估计划；2.年度应急准备评估记录、评估报告；3.评估发现问题、整改措施及落实资料	3	1.未制定年度应急准备评估计划,扣1分；2.未按计划安排组织应急准备评估,扣3分；3.评估记录、评估报告、评估问题的整改资料不完整,扣1~2分	
	③完成险情或事故应急处置后,企业应主动配合有关组织开展应急处置评估	为了掌握公司应对险情或生产安全事故的情况,对公司应急能力进行评估,找出应急准备、应急处置的薄弱环节。制定相应的措施加强应急能力	查资料：发生险情或事故,采取应急处置措施后,进行应急处置评估的相关资料	2	1.完成事故应急处置后,企业未配合有组织开展应急处置评估,不得分；2.完成事故应急处置后,企业配合有组织开展应急处置评估,未保留评估报告,扣1分	

续上表

评价类目	评价项目	释义	评价方法	标准分值	评价标准	得分
十五、事故报告调查处理（45分）	1.事故报告	①企业应建立事故报告程序，明确事故内外部报告的责任人、时限、内容等，并教育、指导从业人员严格按照有关规定的程序报告发生的生产安全事故	企业应按照《生产安全事故报告和调查处理条例》规定：事故发生后，事故现场有关人员应当立即向本单位负责人报告；单位负责人接到报告后，应当于1h内向事故发生地县级以上人民政府安全生产监督管理部门和负有安全生产监督管理职责的有关部门报告	查资料：1.事故报告程序的规定；2.事故报告	5	1.事故报告程序规定的内容不够充分、完整，扣3分；2.未按事故报告程序的规定，发生事故后，按要求进行内外部报告，扣5分；3.事故报告过程的资料保留不全，扣1~2分	
		②发生事故，企业应及时进行事故现场处置，按相关规定及时、如实向有关部门报告，没有瞒报、谎报、迟报情况。并应跟踪事故发展情况，及时续报事故信息	企业必须在及时妥善应对处置事故同时，严格按照规定上报事故情况。"迟报"是指报告事故的时间超过规定时限；"漏报"是指因过失对应当上报的事故或者事故发生的时间、地点、类别、伤亡人数、直接经济损失等内容遗漏未报；	查资料：1.安全生产事故报告的规定；2.事故记录、台账等；3.事故报告	5 ★★★	1.制定安全生产事故报告的规定，应责任明确、内容完善、满足规定要求；2.事故发生后，现场负责人应迅速采取有效措施，组织抢救，防止事故扩大，减少人员伤亡和财产损失；3.及时、准确、如实向有关部门报告，没有瞒报、谎报、迟报情况；	

续上表

评价类目	评价项目		释 义	评价方法	标准分值	评价标准	得分
十五、事故报告调查处理（45分）	1.事故报告		"谎报"是指故意不如实报告事故发生的时间、地点、类别、伤亡人数、直接经济损失等有关内容； "瞒报"是指故意隐瞒已经发生的事故,并经有关部门查证属实			4.事故报告应包括下列内容:事故发生概况；事故发生时间、地点以及事故现场情况；事故简要经过；事故已造成或者可能造成的伤亡人数(包括失踪的人数)、水域环境污染情况下、初步估计的直接经济损失；已经采取的措施等	
		③企业应跟踪事故发展情况,及时续报事故信息。建立事故档案和事故管理台账	《生产安全事故报告和调查处理条例》规定:事故报告后出现新情况的,应当及时补报。根据事故情况,建立事故档案和管理台账	**查资料**： 1.安全生产事故报告的规定； 2.续报事故档案和台账	5	1.未明确及时续报事故信息要求,扣3分； 2.续报事故信息未保留记录,扣2分,档案记录不完整,扣2分	

续上表

评价类目	评价项目	释义	评价方法	标准分值	评价标准	得分
十五、事故报告调查处理（45分）	2.事故调查处理	①企业应建立内部事故调查和处理制度，按照有关规定、行业标准和国际通行做法，将造成人员伤亡（轻伤、重伤、死亡等人身伤害和急性中毒）和财产损失的事故纳入事故调查和处理范畴	按照有关规定、行业标准和国际通行做法，将造成人员伤亡（轻伤、重伤、死亡等人身伤害和急性中毒）和财产损失的事故纳入事故调查和处理范畴	查资料： 1.事故调查和处理制度； 2.事故台账及事故调查处理资料	5	1.未制定事故调查和处理制度，扣5分； 2.事故调查和处理制度规定不合理、不完善等，扣1~3分； 3.未按规定将造成人员伤亡（轻伤、重伤、死亡等人身伤害和急性中毒）和财产损失的事故进行调查和处理的，扣3分； 4.事故调查和处理资料不全，扣1~2分	
		②企业应积极配合各级人民政府组织的事故调查，随时接受事故调查组的询问，如实提供有关情况	发生事故后，配合上级部门的事故调查是企业法定责任和义务。企业按照《生产安全事故报告和调查处理条例》配合上级部门，事故调查时应及时如实提供有关情况	查资料： 1.事故调查规定； 2.事故报告调查处理资料	5	1.未制定事故调查的相关规定，扣5分；规定中相关职责不明确，内容操作性差，扣1~2分； 2.查事故调查台账，未按规定成立事故调查组进行内部调查，扣2分；未积极配合事故调查及如实提供有关情况，扣2分	

续上表

评价类目	评价项目	释　义	评价方法	标准分值	评价标准	得分
十五、事故报告调查处理（45分）	2.事故调查处理	③企业应按时提交事故调查报告，分析事故原因，落实整改措施	《生产安全事故报告和调查处理条例》规定：事故报告后出现新情况的，应当及时补报	查资料： 1.事故报告调查相关规定； 2.事故调查报告； 3.事故原因分析及整改措施资料	5	1.事故报告调查规定的内容不充分，扣1~2分； 2.企业未及时上报事故调查报告，扣2分； 3.未进行事故原因分析，落实整改措施扣3分	
		④发生事故后，企业应及时组织事故分析，并在企业内部进行通报。并应按时提交事故调查报告，分析事故原因，落实整改措施	发生事故后，企业有义务按照"四不放过"原则对事故发生的原因进行分析，分析事故的直接、间接原因和事故责任，提出整改措施和处理建议	查资料： 1.事故责任调查分析制度； 2.事故调查报告或事故责任调查档案； 3.事故原因分析、整改措施及落实相关记录	5	1.未制定事故责任调查分析制度，扣5分；制度不完善，扣2分； 2.针对已发生的事故，未及时召开安全生产分析通报会，扣2分； 3.未及时对事故当事人进行各环节、全过程责任倒查及处理，扣2分	

续上表

评价类目	评价项目	释义	评价方法	标准分值	评价标准	得分
十五、事故报告调查处理（45分）	2.事故调查处理	⑤企业应按"四不放过"原则严肃查处事故，严格追究责任领导和相关责任人。处理结果报上级主管部门备案	查事故档案和事故调查相关记录，看企业按照"四不放过"（事故原因未查清不放过，责任人员未处理不放过，整改措施未落实不放过，有关人员未受到教育不放过）原则进行整改情况	查资料： 1.安全生产事故责任追究办法； 2.事故责任追究记录/档案； 3.事故追责处理结果报上级主管部门备案的资料	5 ★	1.制定完善的安全生产事故责任追究办法，且印发实施；未制定扣5分，未发放扣1分； 2.针对已经发生的安全生产事故，按"四不放过"原则对责任领导和相关责任人实施责任追究和处理；追责处理不到位的，扣1~3分； 3.处理结果按规定报有关主管部门备案，未报有关部门备案，扣3分	
	3.事故档案管理	企业应建立事故档案和管理台账，将承包商、供应商等相关方在企业内部发生的事故纳入本企业事故管理	《交通运输企业安全生产标准化建设基本规范》中规定企业应建立事故档案和管理台账，将承包商、供应商等相关方在企业内部发生的事故纳入本企业事故管理	查资料： 1.承包商、分包商安全事故管理规定； 2.事故档案和事故管理台账； 3.承包商、供应商事故调查处理资料	5	1.未制定承包商、分包商安全事故管理规定，扣5分；内容不充分，扣1~3分； 2.未按规定对供应商、分包方安全生产事故进行管理，扣3分； 3.事故调查处理资料不完整，扣1~2分； 4.供应商、分包商事故档案和管理台账不全，每处扣1分	

续上表

评价类目	评价项目	释义	评价方法	标准分值	评价标准	得分
十六、绩效评定与持续改进(30分)	1.绩效评定 ①企业应每年至少一次对本单位安全生产标准化的运行情况进行自评,验证各项安全生产制度措施的适宜性、充分性和有效性	企业应按要求每年至少一次全面、系统地与本标准逐条、逐项进行判断和对比、打分、综合分析对本单位安全生产标准化的实施情况进行评定,验证各项安全生产制度措施的适宜性、充分性和有效性,总结安全生产工作现状,查找问题,持续改进	**查资料**： 1.安全生产标准化自评管理规定； 2.查开展自评活动的记录、报告等	10	1.未建立安全生产标准化自评管理制度的,扣5分； 2.自评活动的策划、实施、总结、报告等不符合要求的,每处扣2分	
	②企业主要负责人应全面负责自评工作。自评应形成正式文件,并将结果向所有部门、所属单位和从业人员通报,作为年度考评的重要依据	安全生产标准化自评工作应由企业主要负责人组织实施,自评结果要经主要负责人确认后向所有部门、所属单位和从业人员通报,并将结果作为年度评价的重要依据。自评报告内容应包含《交通运输企业安全生产标准化建设评价管理办法》中要求的全部内容	**查资料**： 1.查主要负责人组织实施自评工作的证明材料； 2.查安全生产标准化自评报告； 3.查自评报告向所有部门、所属单位和从业人员通报的证明材料	10	1.未提供主要负责人组织实施自评工作的证明材料,扣6分； 2.自评报告内容或自评范围不完整的,每处扣2分； 3.自评报告未向所有部门、所属单位和从业人员通报的,扣5分	

续上表

评价类目	评价项目		释 义	评价方法	标准分值	评价标准	得分
十六、绩效评定与持续改进(30分)	2.持续改进	企业应根据安全生产标准化管理体系的自评结果和安全生产预测预警系统所反映的趋势,以及绩效评定情况,客观分析企业安全生产标准化管理体系的运行质量,及时调整完善安全生产目标、指标、规章制度、操作规程等相关管理文件和过程管控,持续改进,不断提高安全生产绩效	企业安全管理体系是指企业内部全部管理体系中专门管理安全工作的部分,包括为制定、实施、实现、评审和保持安全方针、目标所需的组织机构、职责、惯例、程序、过程和资源。 企业应制定安全生产标准化管理综合评价与改进制度,明确综合评价改进责任部门和相关责任人。 综合评价与改进的内容应包括与企业安全生产工作有关事项,至少包括标准化自评结果,安全生产预测预警系统所反映的趋势,以及绩效评定情况,一般通过会议形式进行,由企业安全生产第一责任人主持,各相关部门分别提供有关年度分析报告,制度还应明确会议计划制定与印发、会议材料准备、会议记录、综合评价与改进报告、发现问题的处理等责任人和主要内容。	**查资料**： 1.安全管理体系综合评价与改进制度； 2.安全生产标准化管理综合评价与改进制度落实文件； 3.查综合评价与改进过程中发现问题的整改材料； 4.查相关机构颁发的管理体系认证证书	10	1.未制定安全管理体系综合评价与改进制度,扣5分； 2.未按要求对安全生产标准化管理体系进行综合评价分析,扣5分； 3.未对评价分析出的问题提出整改措施并组织实施的,每项扣2分； 4.未取得有效的管理体系认证证书,扣5分	

续上表

评价类目	评价项目	释义	评价方法	标准分值	评价标准	得分
十六、绩效评定与持续改进(30分)	2.持续改进	安全生产标准化管理综合评价与改进工作,一般安排在年度自评以后,对考评情况进行综合分析评定。 在每年安全生产标准化管理综合评价与改进后,全面综合分析企业安全生产标准化管理工作,着眼长效,运用系统化和标准化管理的原理,完善各项安全生产目标指标、管理制度、操作规程等文件和控制过程,形成企业安全生产管理体系,以持续改进,不断提高安全生产绩效				

评分说明:

1. "★"为一级必备条件;"★★"为一、二级必备条件;"★★★"为一、二、三级必备条件,即所有一级企业必须满足一、二、三星要求,二级企业需满足二、三星要求,三级企业需满足三星要求。

2. 除满足上述星项要求外,带有标注"AR"(Additional requirements 的意思)的项目执行限制扣分要求,申请一级的企业该项目扣分分值不得超过该项分值的10%,申请二级的企业该项目扣分分值不得超过该项分值的25%,申请三级的企业该项目扣分分值不得超过该项分值的40%,所有"★"项,二、三级企业按照"AR"项要求执行,所有"★★"项,三级企业按照"AR"项要求执行,所有评分项目中存在一项超过上述扣分要求的为达标建设不合格。

3. 所有指标中要求的内容,如评审企业不涉及此项工作或当地主管机关未要求开展的,视为不涉及项处理,所得总分按照千分制比例进行换算。如:某企业不涉及项分数为100分,对照千分表去除不涉及项得分为720分,则最终评价得分为720/900×1000=800分。

第二章 机动车维修企业安全生产标准化评价扣分表

评价类目	评价项目	标准分值	得分
一、目标与考核(30分)	①企业应结合实际制定安全生产目标。安全生产目标应： a. 符合或严于相关法律法规的要求； b. 形成文件，并得到本企业所有从业人员的贯彻和实施； c. 与企业的职业安全健康风险相适应； d. 具有可考核性，体现企业持续改进的承诺； e. 便于企业员工及相关方获得	5 ★★★	
	②企业应根据安全生产目标制定可考核的安全生产工作指标，指标应不低于上级下达的目标	5	
	③企业应制定实现安全生产目标和工作指标的措施	5	
	④企业应制定安全生产年度计划和专项活动方案，并严格执行	5	
	⑤企业应将安全生产工作指标进行细化和分解，制定阶段性的安全生产控制指标，并予以考核	5	
	⑥企业应建立安全生产目标考核与奖惩的相关制度，并定期对安全生产目标完成情况予以考核与奖惩	5	

续上表

评价类目		评 价 项 目	标准分值	得分
二、管理机构和人员(35分)	1. 安全生产管理机构	①企业应建立以企业主要负责人为领导的安全生产委员会(或安全生产领导小组),并应职责明确。应建立健全从安全生产委员会(或安全生产领导小组)至基层班组的安全生产管理网络	10 ★★	
		②企业应按规定设置与企业规模相适应的安全生产管理机构	5 ★★★	
		③企业应定期召开安全生产委员会或安全生产领导小组会议。安全生产管理机构或下属分支机构每月至少召开1次安全工作例会	5 AR	
	2. 安全管理人员	①企业应按规定配备专(兼)职安全生产和应急管理人员	10 ★★★	
		②企业的主要负责人和安全生产管理人员应具备与本企业所从事的生产经营活动相适应的安全生产和职业卫生知识与能力,并保持安全生产管理人员的相对稳定	5	
三、安全责任体系(40分)	1. 健全责任制	①企业应建立安全生产责任制,明确安全生产委员会(或安全生产领导小组)、安全生产管理机构、各职能部门、生产基层单位的安全生产职责,层层签订安全生产责任书,并落实到位	10 AR	

续上表

评价类目	评价项目		标准分值	得分
三、安全责任体系(40分)	1.健全责任制	②企业主要负责人或实际控制人是本企业安全生产第一责任人,对本企业安全生产工作全面负责,负全面组织领导、管理责任和法律责任,并履行安全生产的责任和义务	5 ★★★	
		③分管安全生产的企业负责人是安全生产的重要负责人,应协助企业安全生产第一责任人落实各项安全生产法律法规、标准,统筹协调和综合管理企业的安全生产工作,对本企业安全生产负重要管理责任	5	
		④其他负责人及员工实行"一岗双责",对业务范围内的安全生产工作负责	10	
	2.责任制考评	企业应根据安全生产责任进行定期考核和奖惩,并公布考评结果和奖惩情况	10 ★★	
四、资质、法律法规与安全生产管理制度(65分)	1.资质	企业的《企业法人营业执照》、资质证书应合法有效,经营范围应符合要求	5 ★★★	
	2.法律法规及标准规范	①企业应制定及时识别、获取适用的安全生产法律法规、规范标准及其他要求的管理制度,明确责任部门,建立清单和文本(或电子)档案,并定期发布	5	
		②企业应及时对从业人员进行适用的安全生产法律法规、规范标准宣贯,并根据法规标准和相关要求及时制修订本企业安全生产管理制度	5	

续上表

评价类目		评价项目	标准分值	得分
四、资质、法律法规与安全生产管理制度(65分)	3.安全管理制度	①企业应制定安全生产与职业卫生管理制度	5	
		②企业制定的安全生产管理制度应符合国家现行的法律法规的要求	5	
		③企业应组织从业人员进行安全生产管理制度的学习和培训	5	
	4.操作规程	①企业应根据生产工艺特点和岗位风险,编制岗位安全生产操作规程、重要设备设施安全操作规程和职业卫生操作规程	5 ★★★	
		②企业应在新技术、新材料、新工艺、新设备设施投产或投用前,组织编制相应的操作规程,保证其适用性	5	
		③企业应在作业场所醒目位置设置操作规程	5	
		④企业应及时将操作规程发放到相关岗位,组织对从业人员进行操作规程的培训	5	
	5.修订	企业应定期对安全管理制度和操作规程进行评审,并根据评审结论及时进行修订,确保其有效性、适应性和符合性。在发生以下情况时,应及时对相关的管理制度或操作规程进行评审、修订: a.国家相关法律、法规、规程、标准废止、修订或新颁布; b.企业归属、体制、规模发生重大变化; c.生产设施新建、改建、扩建规模、作业环境已发生重大改变; d.设备设施发生变更; e.作业工艺、危险有害特性发生变化; f.政府相关行政部门提出整改意见; g.安全评价、风险评估、体系认证、分析事故原因、安全检查发现涉及规章制度、操作规程的问题; h.其他相关事项	5	

续上表

评价类目		评 价 项 目	标准分值	得分
四、资质、法律法规与安全生产管理制度（65分）	6.制度执行及档案管理	①企业每年至少一次对安全生产法律法规、标准规范、规章制度、操作规程的执行情况进行检查	5	
		②企业应建立和完善各类台账和档案，并按要求及时报送有关资料和信息	5 AR	
五、安全投入（40分）	1.资金投入	①企业应按规定足额提取（列支）安全生产费用	15 ★★	
		②安全生产经费应专款专用，企业应保证安全生产投入的有效实施。企业应建立安全生产投入的保障制度，其中安全经费使用范围应包括： a.从业人员安全生产教育和培训； b.为从业人员配备劳动防护用品； c.安全设备维护、检测； d.生产安全事故隐患排查治理技术措施； e.配备必要的应急救援器材、设备和物资及其维护； f.其他和安全生产相关的活动	10	
		③企业应建立用于改善安全生产和职业卫生条件的安全生产投入费用计划，并及时投入满足安全生产条件的所需资金	5 AR	

续上表

评价类目		评 价 项 目	标准分值	得分
五、安全投入（40分）	2. 费用管理	①企业应建立安全生产费用台账	5	
		②企业应跟踪、监督安全生产费用使用情况。企业安全生产费用应按照"企业提取、政府监管、确保需要、规范使用"的原则进行管理，安全生产费用应按照以下范围使用： a.完善、改造和维护安全防护设施设备支出（不含"三同时"要求初期投入的安全设施），包括交通运输设施设备和装卸工具安全状况检测及维护系统、运输设施设备和装卸工具附属安全设备等支出； b.配备、维护应急救援器材、设备支出和应急演练支出； c.开展重大危险源和事故隐患评估、监控和整改支出； d.安全生产检查、评价（不包括新建、改建、扩建项目安全评价）、咨询和标准化建设支出； e.配备和更新现场作业人员安全防护用品支出； f.安全生产宣传、教育、培训支出； g.安全生产适用的新技术、新标准、新工艺、新装备的推广应用支出； h.安全设施及特种设备检测检验支出； i.其他与安全生产直接相关的支出	5	

续上表

评价类目		评价项目	标准分值	得分
六、装备设施（145分）	1. 安全设施	①应按 GB/T 16739.1—2014 和 GB/T 16739.2—2014 的要求配置满足生产需要的场地和设施设备	10 ★★	
		②企业机动车维修厂房经过消防验收，设施设备定期检查、维护。设置专人负责安全设施、器材的管理，且应规范管理	10	
		③设置专人负责安全设施、器材的管理，且应规范管理	5	
		④厂区内危险作业部位设置视频监控，并保持实时监控	5	
		⑤企业不得占用、堵塞、封闭疏散通道、安全出口、消防车通道	5	
		⑥企业应按照 GB 50016—2014 配备相应的消防设备设施，并定期维护，确保状况良好	5	
	2. 汽车喷烤漆房	①企业的汽车喷烤漆房应符合 JT/T 324—2008 的要求，每天进行例检，记录点火延迟等现象	5	
		②汽车喷烤漆房应设置安全警示标识，标识应符合 GBZ 158—2003 和 GB 2894—2008 的相关要求	5	
		③企业送风系统的驱动电机内置时，驱动电机应选用防爆型，绝缘等级不低于相关要求。采用非防爆型驱动电机时，驱动电机应外置	5	
		④企业排风系统不得采用轴流式风机，驱动电机应外置	5	

续上表

评价类目		评价项目	标准分值	得分
六、装备设施 (145分)	2. 汽车喷烤漆房	⑤企业汽车喷烤漆房应有排气净化装置,包括漆雾过滤与废气净化	5	
		⑥及时清理汽车喷烤漆房内的杂物,并定期清理汽车喷烤漆房烟道	5	
		⑦汽车喷烤漆房应有永久性安全操作及维护的文字标志,并在醒目位置安装	5	
	3. 汽车举升机	①汽车举升机安全技术条件应满足JT/T 155—2004的要求,应在醒目位置设置安全警示标识	5	
		②企业汽车举升机的操作要符合GB 27695—2011的要求	5	
		③定期对汽车举升机进行例检,并按要求进行检查维护,建立汽车举升机档案	10 ★	
	4. 特种设备	①特种设备投入使用前或投入使用后30日内,应向负责特种设备安全监督管理部门办理使用登记,取得使用登记证书。登记标志应当置于该特种设备的显著位置	5 ★★★	
		②企业应建立特种设备档案和台账,并对特种设备及安全附件进行定期检验和维护。每月至少进行1次自查,并保存记录	5	
		③企业应对在用特种设备及其安全附件、安全保护装置进行定期校验、检修,并做出记录	10 ★★★	
		④建立特种设备管理制度,指定专人对特种设备进行管理	5	

续上表

评价类目		评 价 项 目	标准分值	得分
六、装备设施 (145分)	5.电气管理	①企业用电管理应符合GB/T 13869—2017的要求,喷烤漆房内应设置防爆照明灯具及其他防爆电气设备	10 AR	
		②企业电气设备的线路布置应符合GB 50055—2011的要求,电气线路应穿非燃管保护,易燃易爆场所应选用防爆型或封闭式电气设备和开关	10	
		③在爆炸性环境中对设备的修理、检修、修复和改造时,应符合AQ 3009—2007的要求	5	
七、科技创新与信息化(35分)	1.科技创新及应用	①使用先进的、安全性能可靠的新技术、新工艺、新设备和新材料,优先选购安全、高效、节能的先进设备,不应使用明令淘汰的设备及工艺	10	
		②企业应采用先进的安全生产管理信息系统或平台,提高企业的安全管理效率	5	
	2.信息化	①应根据实际情况开展安全科技信息化系统的建设	10	
		②建立健全安全监管信息化软硬件设备安全管理机制	10	
八、教育培训 (90分)	1.培训管理	①企业应按规定开展安全教育培训,明确安全教育培训目标、内容和要求,定期识别安全教育培训需求,制定并实施安全教育培训计划	5	
		②企业应组织安全教育培训,保证安全教育培训所需人员、资金和设施	5	
		③企业应做好安全教育培训记录,建立从业人员安全教育培训档案	10 AR	
		④企业应组织对培训效果的后评估,改进提高培训质量	5	

续上表

评价类目		评价项目	标准分值	得分
八、教育培训（90分）	2. 资格培训	①企业的特种设备作业人员应按有关规定参加安全教育培训，取得《特种设备作业人员证》后，方可从事相应的特种设备作业或者管理工作，并按规定定期进行复审	10 ★★	
		②企业的特种作业人员应经专门的安全技术培训并考核合格，取得《中华人民共和国特种作业操作证》后，方可上岗作业，并按规定定期进行复审。离开特种作业岗位6个月以上的特种作业人员，应重新进行实际操作考试，经确认合格后方可上岗作业	10 AR	
	3. 宣传教育	企业应组织开展安全生产的法律、法规和安全生产知识的宣传、教育	5	
	4. 从业人员培训	①企业主要负责人和安全生产管理人员应具备与所从事的生产经营活动相适应的安全生产知识和安全生产管理能力，应由负有安全生产监督管理职责的部门对其安全生产知识和管理能力进行考核并达到合格，且每年应当接受不少于国家或地方政府规定学时的再教育培训	5 ★★★	
		②从业人员上岗前应接受安全生产教育和培训，培训不合格的从业人员不得上岗作业。从业人员应每年接受再培训，培训时间不得少于规定学时	5	
		③对离岗一年重新上岗、转换工作岗位的人员，应进行岗前培训。培训内容应包括安全法律法规、安全管理制度、岗位操作规程、风险和危害告知等，与新岗位安全生产要求相符合	5	

续上表

评价类目		评价项目	标准分值	得分
八、教育培训(90分)	4.从业人员培训	④应对新员工进行三级安全教育培训,经考核合格后,方可上岗。培训时间不得少于规定学时	10 AR	
		⑤企业使用被派遣劳动者的,应纳入本企业从业人员统一管理,进行岗位安全操作规程和安全操作技能的教育和培训	5	
		⑥应在新技术、新设备投入使用前,对管理和操作人员进行专项培训	5	
	5.规范档案	企业应当建立安全生产教育和培训档案,如实记录安全生产教育和培训的时间、内容、参加人员以及考核结果等情况	5	
九、生产过程管理(180分)	1.现场过程管理	①企业应按照操作规程和作业规范要求进行现场作业	10	
		②常用的危险化学品储存场所应进行通风或温度调节,其各类危险化学品的储存量和储存安排应符合 GB 15603—1995 标准要求	5 ★★	
		③工位应划分清楚明确,特殊作业场所(如钣金、涂漆等)应单独设置,厂区出入口应分开设置,若场地条件不允许,应设专人指挥车辆进出	5 ★	
		④企业设施设备、生产物料堆放和存储应符合 GB 15603—1995、GB 50016—2014 标准的要求,易燃易爆有毒物品(如油漆)应单独存放	5	

续上表

评价类目		评价项目	标准分值	得分
九、生产过程管理(180分)	2.危险作业许可	①企业进行危险性作业活动时,应实施作业许可管理,严格履行审批手续,各种作业许可证中应有危险、有害因素识别和安全措施内容	10 ★	
		②危险作业现场应有安全监督人员对现场进行监督,安全监督人发现所监督的作业与作业许可不相符合或安全措施未落实时,应立即制止作业;作业中出现异常情况时,应立即要求停止相关作业,并立即报告;作业人员发现安全监督人不在现场,应立即停止作业	5	
		③检、维修作业时,根据作业场所危险危害的特点,现场应配置消防、有毒有害作业防护等安全器具	5	
	3.安全值班	制定并落实安全生产值班计划和值班制度,重要时期实行领导到岗带班,有值班记录	10	
	4.相关方管理	①制定相关方安全管理制度,并严格对相关方的资质、资格进行审查	5	
		②两个以上生产经营单位在同一作业区域内进行生产经营活动,可能危及对方生产安全的相关方,应签订安全生产管理协议,明确各自的安全生产管理职责和应采取的安全措施,并指定专职安全生产管理人员进行安全检查与协调	5	

续上表

评价类目		评 价 项 目	标准分值	得分
九、生产过程管理(180分)	5.涂装作业	①企业调漆配料应在调漆室内进行	5	
		②涂装作业应按照规定,在封闭的喷漆室、喷漆房或喷漆区内进行	5 ★★	
		③涂装作业过程中,工作人员应穿戴防化服、防毒面具(或口罩)、头套等防护用品	5	
		④作业人员在静电喷漆室作业应符合 GB 6514—2008 和 GB 12367—2006 中对静电喷漆室的要求	5	
		⑤涂漆作业区应设有专用的废水排放及处理设施,采用干打磨工艺的,有粉尘收集装置和除尘设备,并设有通风设备	5	
		⑥涂漆作业场所空气中有害物质最高允许浓度、时间加权平均浓度和短时间接触容许浓度应符合 GB 6514—2008 的要求	5	
		⑦涂装作业场所的电气设备应安全、可靠。对涉及易燃易爆的场所,电气设备的设置应符合标准规定	10 AR	
		⑧企业废气净化装置排放的有害气体应符合标准规定。涂装作业的固体废弃物的处置应符合环保要求	5	

续上表

评价类目	评价项目	标准分值	得分
九、生产过程管理(180分)	6.焊接作业	①焊接作业中,通风、人员防护、消防措施、封闭空间内的安全要求等应符合要求	5	
		②气瓶不得置于阳光下、热源辐射及可能受到电击的地方,乙炔瓶和氧气瓶应分开存放。气瓶不得靠近热源和明火,可燃、助燃气瓶与明火的距离不得小于10m(高空作业时,此距离为在地面的垂直投影距离),乙炔瓶与氧气瓶在使用时距离不得少于5m	5	
	7.警示标志	①涂装、易燃易爆等危险作业区域内应按照 GB 15630—1995、GB 2894—2008、GBZ 158—2003 的要求设置安全警示标识、消防安全标识和职业健康安全警示标识,进行危险提示、警示,并告知危险的种类、后果及应急措施等	5	
		②厂区出入口或厂区内应设置限速标志,停车处应设置停车标志	5	
	8.消防管理	①企业主要负责人是本企业消防安全责任人,应对本企业的消防安全工作全面负责。落实消防安全责任制,制定本企业的消防安全制度、消防安全操作规程,制定灭火和应急疏散预案	10 ★★	
		②制定年度消防工作计划,制定消防安全工作的资金投入和组织保障方案	5	

续上表

评价类目		评 价 项 目	标准分值	得分
九、生产过程管理(180分)	8. 消防管理	③企业应将容易发生火灾、一旦发生火灾可能严重危及人身和财产安全及对消防安全有重大影响的部位确定为消防安全重点部位,并应在消防安全重点部位设置明显的防火标志	5	
		④企业应建立消防档案,消防档案应包括企业消防安全基本情况及消防安全管理情况	5	
		⑤配备相应等级和危险类别的消防控制和火灾报警系统、消防给水系统、泡沫或干粉灭火系统等消防设备设施、器材,并按要求设置消防安全标志	5	
		⑥制定并落实火灾隐患整改责任制、防火安全检查、巡查制度,成立防火检查组、防火巡查队,按要求开展防火检查和防火巡查。防火检查、防火巡查中发现的火灾隐患应按要求落实至责任部门、责任人进行整改	5	
		⑦制定消防设施及器材管理制度,消防器材及设施应有专人负责,定期组织检验、维修,保存检验、维修记录,确保所有消防器材及设施可靠、有效、随时可用	5	
		⑧保障安全出口、疏散通道及消防车通道的畅通,消防通道应有明显的指示标志	5	
		⑨建立消防宣传和教育培训制度,制定年度消防宣传教育培训计划,每年应至少进行1次消防安全教育培训,使相关人员具备扑救初起火灾的能力	5	

续上表

评价类目		评 价 项 目	标准分值	得分
十、风险管理 （60分）	1. 一般要求	企业应依法依规建立健全安全生产风险管理制度，开展本单位管理范围内的风险辨识、评估、管控等工作，落实重大风险登记、重大危险源报备责任，防范和减少安全生产事故	5 AR	
	2. 风险辨识	①企业应制定风险辨识规则，明确风险辨识的范围、方式和程序	5	
		②风险辨识应系统、全面，并进行动态更新	5	
		③风险辨识应涉及所有的工作人员（包括外部人员）、工作过程和工作场所。安全生产风险辨识结束后应形成风险清单	3	
	3. 风险评估	①企业应从发生危险的可能性和严重程度等方面对风险因素进行分析，选定合适的风险评估方法，明确风险评估规则	2	
		②企业应依据风险评估规则，对风险清单进行逐项评估，确定风险等级	5	
	4. 风险控制	①企业应根据风险评估结果及经营运行情况等，按以下顺序确定控制措施： a. 消除； b. 替代； c. 工程控制措施； d. 设置标志警告和（或）管理控制措施； e. 个体防护装备等	5	

续上表

评价类目		评价项目	标准分值	得分
十、风险管理 (60分)	4.风险控制	②企业应将安全风险评估结果及所采取的控制措施告知相关从业人员,使其熟悉工作岗位和作业环境中存在的安全风险,掌握、落实应采取的控制措施	5	
		③企业应建立风险动态监控机制,按要求对风险进行控制和监测,及时掌握风险的状态和变化趋势,以确保风险得到有效控制	3	
	5.重大风险管控	①企业对重大风险进行登记建档,设置重大风险监控系统,制定动态监测计划,并单独编制专项应急措施	5 ★★	
		②企业应当在重大风险所在场所设置明显的安全警示标志,对进入重大风险影响区域的人员组织开展安全防范、应急逃生避险和应急处置等相关培训和演练	5	
		③企业应当将本单位重大风险有关信息通过公路水路行业安全生产风险管理信息系统进行登记,构成重大危险源的应向属地负有安全生产监督管理职责的交通运输管理部门备案	2 ★★★	
		④重大风险经评估确定等级降低或解除的,企业应于规定的时间内通过公路水路行业安全生产风险管理系统予以销号	2	

续上表

评价类目		评 价 项 目	标准分值	得分
十、风险管理（60分）	6.预测预警	①企业应根据生产经营状况、安全风险管理及隐患排查治理、事故等情况，运用定量或定性的安全生产预测预警技术，建立企业安全生产状况及发展趋势的安全生产预测预警机制	5	
		②当风险因素达到预警条件的，企业应及时发出预警信息，并立即采取针对性措施，防范安全生产事故发生	3	
十一、隐患排查和治理（55分）	1.隐患排查	①企业应落实隐患排查治理和防控责任制，组织事故隐患排查治理工作，实行从隐患排查、记录、监控、治理、销账到报告的闭环管理	5 ★★★	
		②企业应依据有关法律法规、标准规范等，组织制定各部门、岗位、场所、设备设施的隐患排查治理标准或排查清单，明确隐患排查的时限、范围、内容和要求，并组织开展相应的培训。隐患排查的范围应包括所有与生产经营相关的场所、人员、设备设施和活动，包括承包商和供应商等相关服务范围	5 AR	
		③生产经营单位应当建立事故隐患日常排查、定期排查和专项排查工作机制。日常排查每周应不少于1次，定期排查每半年应不少于1次，并根据政府及有关管理部门安全工作的专项部署、季节性变化或安全生产条件变化情况进行专项排查	10	

续上表

评价类目		评 价 项 目	标准分值	得分
十一、隐患排查和治理（55分）	1.隐患排查	④企业应填写事故隐患排查记录，依据确定的隐患等级划分标准对发现或排查出的事故隐患进行判定，确定事故隐患等级并进行登记，形成事故隐患清单。企业应将重大事故隐患向属地负有安全生产监督管理职责的交通运输管理部门备案	5 ★★	
	2.隐患治理	①对于一般事故隐患，企业应按照职责分工立即组织整改，确保及时进行治理	5	
		②对于重大事故隐患，企业主要负责人组织制定专项隐患治理整改方案，并确保整改措施、责任、资金、时限和预案"五到位"。整改方案应包括： a. 整改的目标和任务； b. 整改方案和整改期的安全保障措施； c. 经费和物资保障措施； d. 整改责任部门和人员； e. 整改时限及节点要求； f. 应急处置措施； g. 跟踪督办及验收部门和人员	5 AR	
		③企业在事故隐患整改过程中，应采取相应的监控防范措施，防止发生次生事故	5	

续上表

评价类目		评价项目	标准分值	得分
十一、隐患排查和治理（55分）	2.隐患治理	④事故隐患整改完成后，企业应按规定进行验证或组织验收，出具整改验收结论，并签字确认；重大事故隐患整改验收通过的，企业应将验收结论向属地负有安全生产监督管理职责的交通运输管理部门报备，并申请销号	5 ★★★	
		⑤企业应对重大事故隐患形成原因及整改工作进行分析评估，及时完善相关制度和措施，依据有关规定和制度对相关责任人进行处理，并开展有针对性的培训教育	5	
		⑥企业应对事故隐患排查治理情况如实记录，建立相关台账，并定期组织对本单位事故隐患治理情况进行统计分析，及时梳理、发现安全生产问题和趋势，形成统计分析报告，改进安全生产工作	5	
十二、职业健康（50分）	1.健康管理	①企业应落实职业病防治主体责任，按规定设置职业健康管理机构和配备专（兼）职管理人员；落实职业病危害告知、日常监测、定期报告和防护保障等制度措施	5	
		②企业应制定职业危害防治计划和实施方案，对存在职业危害的作业场所的作业人员定期进行职业健康检查，并对检查结果进行分析和提出建议，建立、健全企业职业卫生档案和从业人员健康监护档案	5	
	2.工伤保险	为从业人员缴纳工伤保险，为从事危险作业人员办理意外伤害险	5	

续上表

评价类目		评价项目	标准分值	得分
十二、职业健康(50分)	3.职业危害申报	企业应按规定及时、如实向当地主管部门申报运营过程中存在的职业病危害因素,并接受其监督	5	
	4.职业危害告知	①企业与从业人员订立劳动合同时,应将工作过程中可能产生的职业病危害及后果和防护措施等如实告知从业人员,并在劳动合同中写明	5	
		②企业应向从业人员和相关方告知作业场所及工作岗位存在的职业危害因素、防范措施及应急措施	5	
	5.环境与条件	①企业对存在严重职业危害的作业岗位,应按照GBZ 158—2003要求设置警示标识和警示说明。警示说明应载明职业危害的种类、后果、预防和应急救治措施	2	
		②企业应建立职业卫生监测制度,对施工现场涉及的职业危害因素定期检测	5	
		③企业对长期在某一涉及职业健康的岗位或发现有职业禁忌症的从业人员应实行换岗制度	3	
	6.个体防护	①企业应企业应建立个体防护装备管理制度,为从业人员提供符合国家标准或行业标准的个体防护用品和器具,并监督、教育从业人员正确佩戴、使用	5	
		②企业应配备必要的职业病防护设施、器具,并对防护设施和器具进行定期检验、检测维护和维修,确保其处于正常状态	5	

续上表

评价类目		评 价 项 目	标准分值	得分
十三、安全文化(30分)	1. 安全环境	①设立安全文化廊、安全角、黑板报、宣传栏等员工安全文化阵地,宣传栏内容每月至少更换1次	5	
		②公开安全生产举报电话号码、通信地址或者电子邮件信箱。对接到的安全生产举报和投诉及时予以调查和处理,并公开处理结果	5 AR	
	2. 安全行为	①企业应建立包括安全价值观、安全愿景、安全使命和安全目标等在内的安全承诺	5 ★	
		②企业应结合企业实际编制员工安全知识手册,并发放到职工	5	
		③企业应组织开展安全生产月活动、安全生产班组竞赛活动,有方案、有总结	5	
		④企业应对安全生产进行检查、评比、考评,总结和交流经验,推广安全生产先进管理方法,对在安全工作中做出显著成绩的集体、个人给予表彰、奖励,并与其经济利益挂钩	5	
十四、应急管理(70分)	1. 预案制定	①企业应在开展安全风险评估和应急资源调查的基础上,建立生产安全事故应急预案体系,制定符合GB/T 29639—2013规定的生产安全事故应急预案,针对安全风险较大的重点场所(设施)制定现场处置方案,并编制重点岗位、人员应急处置卡	10 AR	
		②应急预案应与当地政府、行业管理部门预案保持衔接,报当地有关部门备案,通报有关协作单位	5	
		③企业应组织开展应急预案评审或论证,并定期进行评估和修订	5 ★★	

续上表

评价类目		评 价 项 目	标准分值	得分
十四、应急管理(70分)	2.预案实施	应开展展应急预案的宣传教育培训,使有关人员了解应急预案内容,熟悉应急职责、应急程序和应急处置方案,并普及生产安全事故预防、避险、自救和互救知识	5	
	3.应急队伍	①企业应按照有关规定建立应急管理组织机构或指定专人负责应急管理工作,建立与本企业安全生产特点相适应的专(兼)职应急救援队伍	5	
		②企业应组织应急救援人员日常训练	5	
	4.应急物资	①企业应根据可能发生的事故种类特点,按照有关规定设置应急设施,配备应急装备,储备应急物资	5 AR	
		②企业应建立管理台账,安排专人管理,并定期检查、维护,确保其完好、可靠	5	
	5.应急演练	①企业应按照AQ/T 9007—2011的规定定期组织公司(厂)、车间(工段、区、队、船、项目部)、班组开展生产安全事故应急演练,做到一线从业人员参与应急演练全覆盖	5 ★★★	
		②企业应按照AQ/T 9009—2015的规定对演练进行总结和评估,根据评估结论和演练发现的问题,修订、完善应急预案,改进应急准备工作	5	

续上表

评价类目	评价项目		标准分值	得分
十四、应急管理(70分)	6.应急处置	发生事故后,企业应根据预案要求,立即启动应急响应程序,按照有关规定报告事故情况,并开展先期处置	5	
	7.应急评估	①企业应对应急准备、应急处置工作进行评估	5★	
		②运输、储存危险物品或处置废弃危险物品的企业,应每年进行1次应急准备评估	3	
		③完成险情或事故应急处置后,企业应主动配合有关组织开展应急处置评估	2	
十五、事故报告调查处理(45分)	1.事故报告	①企业应建立事故报告程序,明确事故内外部报告的责任人、时限、内容等,并教育、指导从业人员严格按照有关规定的程序报告发生的生产安全事故	5	
		②发生事故,企业应及时进行事故现场处置,按相关规定及时、如实向有关部门报告,没有瞒报、谎报、迟报情况。并应跟踪事故发展情况,及时续报事故信息	5★★★	
		③企业应跟踪事故发展情况,及时续报事故信息。建立事故档案和事故管理台账	5	

续上表

评价类目		评 价 项 目	标准分值	得分
十五、事故报告调查处理（45分）	2. 事故调查处理	①企业应建立内部事故调查和处理制度，按照有关规定、行业标准和国际通行做法，将造成人员伤亡（轻伤、重伤、死亡等人身伤害和急性中毒）和财产损失的事故纳入事故调查和处理范畴	5	
		②企业应积极配合各级人民政府组织的事故调查，随时接受事故调查组的询问，如实提供有关情况	5	
		③企业应按时提交事故调查报告，分析事故原因，落实整改措施	5	
		④发生事故后，企业应及时组织事故分析，并在企业内部进行通报。并应按时提交事故调查报告，分析事故原因，落实整改措施	5	
		⑤企业应按"四不放过"原则严肃查处事故，严格追究责任领导和相关责任人。处理结果报上级主管部门备案	5 ★	
	3. 事故档案管理	企业应建立事故档案和管理台账，将承包商、供应商等相关方在企业内部发生的事故纳入本企业事故管理	5	
十六、绩效评定与持续改进（30分）	1. 绩效评定	①企业应每年至少1次对本单位安全生产标准化的运行情况进行自评，验证各项安全生产制度措施的适宜性、充分性和有效性	10	
		②企业主要负责人应全面负责自评工作。自评应形成正式文件，并将结果向所有部门、所属单位和从业人员通报，作为年度考评的重要依据	10	

续上表

评价类目	评价项目		标准分值	得分
十六、绩效评定与持续改进（30分）	2. 持续改进	企业应根据安全生产标准化管理体系的自评结果和安全生产预测预警系统所反映的趋势，以及绩效评定情况，客观分析企业安全生产标准化管理体系的运行质量，及时调整完善安全生产目标、指标、规章制度、操作规程等相关管理文件和过程管控，持续改进，不断提高安全生产绩效	10	

评分说明：

1. "★"为一级必备条件；"★★"为一、二级必备条件；"★★★"为一、二、三级必备条件，即所有一级企业必须满足一、二、三星要求，二级企业须满足二、三星要求，三级企业须满足三星要求。

2. 除满足上述星项要求外，带有标注"AR"（Additional requirements 的意思）的项目执行限制扣分要求，申请一级的企业该项目扣分分值不得超过该项分值的10%，申请二级的企业该项目扣分分值不得超过该项分值的25%，申请三级的企业该项目扣分分值不得超过该项分值的40%，所有"★"项，二、三级企业按照"AR"项要求执行，所有"★★"项，三级企业按照"AR"项要求执行，所有评分项目中存在一项超过上述扣分要求的为达标建设不合格。

3. 所有指标中要求的内容，如评审企业不涉及此项工作或当地主管机关未要求开展的，视为不涉及项处理，所得总分按照千分制比例进行换算。如：某企业不涉及项分数为100分，对照千分表去除不涉及项得分为720分，则最终评价得分为720/900×1000＝800分。

4. 所有涉及抽查、询问人员的指标，如细则中无具体说明，抽查数量为总数的10%，最低抽查数量为5，最高抽查数量为15，抽查的人员及车辆应具有代表性，每种类别车辆或人员必须要有抽样。

附件1 《交通运输企业安全生产标准化建设基本规范 第6部分：机动车维修企业》（JT/T 1180.6—2018）

交通运输企业安全生产标准化建设基本规范
第6部分：机动车维修企业（JT/T 1180.6—2018）

1 范围

JT/T 1180的本部分规定了机动车维修企业安全生产标准化建设的基本要求、通用要求，以及资质、法律法规和安全管理制度、安全投入、设备设施、科技创新与信息化、教育培训、生产过程管理、消防管理、职业健康、安全文化、应急管理、事故报告调查处理等专业要求。

本部分适用于机动车维修企业开展安全生产标准化建设工作，以及对安全生产标准化建设的技术服务和评价工作。

2 规范性引用文件

下列文件对本文件的应用是必不可少的。凡是注日期的引用文件，仅注日期的版本适用于本文件。凡是不注日期的引用文件，其最新版本（包括所有的修改单）适用于本文件。

GB 2894	安全标志及其使用导则
GB 6514	涂装作业安全规程 涂漆工艺安全及其通风净化
GB 7691	涂装作业安全规程 安全管理

	通则	GB/T 33000	企业安全生产标准化基本规范
GB 7692	涂装作业安全规程 涂漆前处理工艺安全及其通风净化	GB 50016	建筑设计防火规范
		GB 50058	爆炸危险环境电力装置设计规范
GB 9448	焊接与切割安全	GB 50067	汽车库、修车库、停车场设计防火规范
GB 12367	涂装作业安全规程 静电喷漆工艺安全		
		GB 50055—1993	通用用电设备配电设计规范
GB/T 13869	用电安全导则	GB 50140	建筑灭火器配置设计规范
GB 14443	涂装作业安全规程 涂层烘干室安全技术规定	GBZ 158	工作场所职业病危害警示标识
		AQ 3009	危险场所电气防爆安全规范
GB 14444	涂装作业安全规程 喷漆室安全技术规定	AQ/T 9004	企业安全文化建设导则
		JT/T 155	汽车举升机
GB 15603	常用化学危险品贮存通则	JT/T 324	汽车喷烤漆房
GB 15630	消防安全标志设置要求	JT/T 1180.1	交通运输企业安全生产标准化建设基本规范 第1部分:总体要求
GB 16297	大气污染物综合排放标准		
GB/T 16739.1	汽车维修业开业条件 第1部分:汽车整车维修企业	TSG R0006	气瓶安全技术监察规程

3 术语和定义

GB/T 16739.2 汽车维修业开业条件 第2部分:汽车综合小修及专项维修业户

GB/T 33000界定的以及下列术语和定义适用于本文件。

GB 20101 涂装作业安全规程 有机废气净化装置安全技术规定

3.1

机动车维修 motor vehicle maintenance and repair
机动车维护和修理。

GB 27695 汽车举升机安全规程

3.2

机动车维修企业 motor vehicle maintenance and repair enterprises

具有对机动车维护和修理,且依法取得相应资质证照的经营人。

3.3

安全绩效 safety performance

根据安全生产目标,在安全生产工作方面取得的可测量结果。

3.4

相关方 interested party

与企业的安全绩效相关联或受其影响的团体或个人。

3.5

危险、有害因素 hazardous element

可能导致伤害、疾病、财产损失、环境破坏的根源或状态。

3.6

风险 risk

发生特定危险事件的可能性与后果的结合。

3.7

隐患 potential accident

作业场所、设备或设施的不安全状态,人的不安全行为,环境的不利因素和管理上的缺陷。

3.8

危险性作业 dangerous operation

作业过程中会给人身、设备设施、环境带来危险、危害,需要采取一定的防护措施方可进行的作业。

4 基本要求

机动车维修企业(简称"企业")安全生产标准化建设的基本要求按 JT/T 1180.1 的有关规定执行。

5 通用要求

企业安全生产标准化建设的通用要求按 JT/T 1180.1 的有关规定执行。

6 专业要求

6.1 资质、法律法规和安全管理制度

6.1.1 资质

《道路运输经营许可证》《企业法人营业执照》等证件应合法有效,企业实际经营范围应符合要求,不得超范围经营。

6.1.2 安全管理制度

6.1.2.1 企业应建立健全安全生产和职业卫生管理的规章制度,并发放到相关工作岗位。安全管理制度至少应包括:
——安全生产方针与目标管理制度;
——识别和获取适用的法律法规、标准管理制度;
——安全生产奖惩管理制度;
——安全生产责任制管理制度;
——安全生产会议制度;
——安全生产教育培训制度;
——安全生产资金投入保障制度;
——特种作业人员管理制度;
——安全生产监督检查管理制度;
——生产安全事故隐患排查治理制度;
——风险评价管理制度;
——劳动防护用品配备管理制度;
——防火、防爆管理制度;
——安全设备管理制度;
——危险作业管理制度;
——安全生产职业卫生管理制度;
——职业健康体检管理制度;
——事故应急救援管理制度;
——危险化学品安全管理制度。

6.1.2.2 企业应将相关的规章制度及时传达给相关方。

6.1.3 操作规程

6.1.3.1 企业应根据生产工艺特点和岗位风险,编制岗位安全生产操作规程、重要设备设施安全操作规程和职业卫生操作规程。

6.1.3.2 企业应在作业场所醒目位置设置操作规程。

6.1.4 制度执行及档案管理

企业应定期对安全生产管理制度和操作规程进行有效性、适用性、符合性评审和修订,并及时组织相关人员培训学习。

6.2 安全投入

6.2.1 企业应建立安全生产投入的保障制度,其中安全经费使用范围应包括:
——从业人员安全生产教育和培训;
——为从业人员配备劳动防护用品;
——安全设备维护、保养、检测;
——生产安全事故隐患排查治理技术措施;
——配备必要的应急救援器材、设备和物资及其维护、保养；

——其他和安全生产相关的活动。

6.2.2 企业应建立用于改善安全生产和职业卫生条件的安全生产投入费用计划，并建立安全费用使用台账。

6.3 装备设施

6.3.1 安全设施

6.3.1.1 企业应按照GB/T 16739.1和GB/T 16739.2的要求，配置满足生产需要的场地和设施设备。

6.3.1.2 企业机动车维修厂房经过消防验收，设施设备应定期检查、维修、保养。设置专人负责安全设施、器材的管理，且应规范管理。

6.3.1.3 企业应在厂区内危险作业部位设置视频监控，并保持实时监控。

6.3.1.4 企业不得占用、堵塞、封闭疏散通道、安全出口、消防车通道。

6.3.1.5 企业应按照GB 50016配备相应的消防设备设施，并定期维修保养，确保状况良好。

6.3.2 汽车喷烤漆房

6.3.2.1 企业的汽车喷烤漆房应符合JT/T 324的要求，每天进行例检，记录点火延迟等现象。

6.3.2.2 企业汽车喷烤漆房应设置安全警示标识，标识应符合GBZ 158和GB 2894的相关要求。

6.3.2.3 企业送风系统的驱动电机内置时，驱动电机应选用防爆型，绝缘等级不低于相关要求。采用非防爆型驱动电机时，驱动电机应外置。

6.3.2.4 企业排风系统不得采用轴流式风机，驱动电机应外置。

6.3.2.5 企业汽车喷烤漆房应有排气净化装置，包括漆雾过滤与废气净化。

6.3.2.6 企业应及时清理汽车喷烤漆房内的杂物，并定期清理汽车喷烤漆房烟道。

6.3.2.7 企业汽车喷烤漆房应有永久性安全操作及保养的文字标志，并在醒目位置安装。

6.3.3 汽车举升机

6.3.3.1 企业汽车举升机应满足JT/T 155的要求，并在汽车举升机醒目位置设置安全警示标识。

6.3.3.2 企业汽车举升机的操作应符合GB 27695的要求。

6.3.3.3 企业应对汽车举升机至少每半年进行1次例检和维护保养，并建立汽车举升机的档案。

6.3.4 特种设备

6.3.4.1 企业特种设备投入使用前或投入使用后30日内,应向负责特种设备安全监督管理部门办理使用登记,取得使用登记证书。登记标志应当置于该特种设备的显著位置。

6.3.4.2 企业应建立特种设备档案和台账,并对特种设备及安全附件进行定期检验和维护保养。每月至少进行1次自查,并保存记录。

6.3.4.3 企业应对在用特种设备及其安全附件、安全保护装置进行定期校验、检修,并做出记录。

6.3.4.4 企业应建立特种设备管理制度,并指定专人对特种设备进行管理。

6.3.5 电气管理

6.3.5.1 企业用电管理应符合GB/T 13869的要求。喷烤漆房内应设置防爆照明灯具及其他防爆电气设备。

6.3.5.2 企业电气设备的线路布置应符合GB 50055—1993的要求。

6.3.5.3 企业电气线路应穿非燃管保护,易燃易爆场所应选用防爆型或封闭式电气设备和开关。

6.3.5.4 企业在爆炸性环境中对设备的修理、检修、修复和改造时,应符合AQ 3009的要求。

6.4 科技创新与信息化

6.4.1 科技创新及应用

6.4.1.1 企业应使用先进的、安全性能可靠的新技术、新工艺、新设备和新材料,优先选购安全、高效、节能的设备,不应使用明令淘汰的设备及工艺。

6.4.1.2 企业应采用先进的安全生产管理信息系统或平台,提高企业的安全管理效率。

6.4.2 信息化

6.4.2.1 企业应根据实际情况开展安全信息化系统的建设。

6.4.2.2 企业应建立健全安全监管信息化软硬件设备安全管理制度。

6.5 教育培训

6.5.1 企业主要负责人和安全生产管理人员应具备与所从事的生产经营活动相适应的安全生产知识和安全生产管理能力,应由负有安全生产监督管理职责的部门对其安全生产知识和管理能力进行考核并达到合格,且每年应当接受不少于国家或地方政府规定学时的再教育培训。

6.5.2 企业其他需要取得资格证书的作业人员,应通过相应培训、考核,持证上岗。

6.6 生产过程管理

6.6.1 现场过程管理

6.6.1.1 企业应按照操作规程和作业规范要求进行现场作业。

6.6.1.2 企业特种作业人员应持证上岗。

6.6.1.3 企业危险作业应进行审批,现场应有专人负责监督管理。

6.6.1.4 企业常用的化学危险品储存场所应进行通风或温度调节,其各类危险化学品的储存量和储存安排应符合 GB 15603 的要求。

6.6.1.5 企业工位应划分清楚明确,特殊作业场所(如钣金、涂漆等)应单独设置,厂区出入口应分开设置,若场地条件不允许,应设专人指挥车辆进出。

6.6.1.6 企业设施设备、生产物料堆放和存储应符合 GB 15603、GB 50016 的要求,易燃易爆有毒物品(如:油漆)应单独存放。

6.6.2 危险作业许可

6.6.2.1 企业进行危险性作业活动时,应实施作业许可管理,严格履行审批手续,各种作业许可证中应有危险、有害因素识别和安全措施内容,危险性作业包括:
——动火作业;
——进入受限空间作业;
——临时用电作业;
——高处作业;
——其他危险性作业。

6.6.2.2 企业安全监督人发现所监督的作业与作业许可不相符合或安全措施未落实时应立即制止作业,作业中出现异常情况时应立即要求停止相关作业,并立即报告。

6.6.2.3 企业作业人员发现安全监督人不在现场,应立即停止作业。

6.6.2.4 企业检、维修作业时,根据作业场所危险危害的特点,现场应配置消防、有毒有害作业防护等安全器具。

6.6.3 安全值班

企业应制定安全生产值班计划和值班制度,重要时期应实行领导到岗带班,有值班记录。

6.6.4 相关方管理

6.6.4.1 企业应制定相关方安全管理制度,并严格对相关方的资质、资格进行审查。

6.6.4.2 两个以上生产经营单位在同一作业区域内进行生产经营活动,可能危及对方生产安全的,应签订安全生产管理协议,明确各自的安全生产管理职责和应采取的安全措施,并指定专职安全生产管理人员进行安全检查与协调。

6.6.5 涂装作业

6.6.5.1 企业调漆配料应在调漆室内进行。

6.6.5.2 企业涂装作业应按照 GB 14444 的规定,在封闭的喷烤漆室、喷烤漆房或喷漆区内进行。

6.6.5.3 涂装作业过程中,工作人员应穿戴防化服、防毒面具(或口罩)、头套等防护用品。

6.6.5.4 作业人员在静电喷漆室作业应符合 GB 6514 和 GB 12367 中对静电喷漆室的要求。

6.6.5.5 企业涂装作业应按照涂装作业规程 GB 6514、GB 7691、GB 7692、GB 14443 和 GB 20101 的要求进行作业。

6.6.5.6 企业涂装作业区应设有专用的废水排放及处理设施,采用干打磨工艺的,应有粉尘收集装置和除尘设备,并设有通风设备。

6.6.5.7 企业涂漆作业场所空气中有害物质最高允许浓度、时间加权平均浓度和短时间接触容许浓度应符合 GB 6514 的要求。

6.6.5.8 企业涂装作业场所的电气设备应安全、可靠。对涉及易燃易爆的场所,电气设备的设置应符合 GB 50058 的相关规定。

6.6.5.9 企业废气净化装置排放的有害气体应符合 GB 16297 的规定。

6.6.5.10 企业涂装作业的固体废弃物的处置应符合环保要求。

6.6.6 焊接作业

6.6.6.1 焊接作业应按照 GB 9448 中规定,在焊接作业中,通风、人员防护、消防措施、封闭空间内的安全要求等应符合要求。

6.6.6.2 气瓶的存储应符合 TSG R0006 的要求,不得置于受阳光暴晒、热源辐射及可能受到电击的地方,乙炔瓶和氧气瓶应分开存放。

6.6.6.3 气瓶不得靠近热源和明火,可燃、助燃气瓶与明火的距离不得小于 10m(高空作业时,此距离为在地面的垂直投影距离),乙炔瓶与氧气瓶在使用时距离不得少于 5m。

6.6.7 警示标志

6.6.7.1 企业机动车维修厂区内及涂装、易燃易爆等危险作业区域内,应按照 GB 15630、GB 2894、GBZ 158 的要求分别设置安全警示标识、消防安全标识和职业健康安全警示标识,进行危险提示、警示,并告知危险的种类、后果及应急措施等。

6.6.7.2 企业厂区出入口或厂区内应设置限速标志,停车处应设置停车标志。

6.7 消防管理

6.7.1 消防安全管理

6.7.1.1 企业主要负责人应是本企业的消防安全责任人,应对本企业的消防安全工作全面负责。

6.7.1.2 企业应落实消防安全责任制,制定本企业的消防安全制度、消防安全操作规程,制定灭火和应急疏散预案。

6.7.1.3 企业应制定年度消防工作计划,制定消防安全工作的资金投入和组织保障方案。

6.7.1.4 企业应将容易发生火灾、一旦发生火灾可能严重危及人身和财产安全及对消防安全有重大影响的部位确定为消防安全重点部位,并应在消防安全重点部位设置明显的防火标志。

6.7.1.5 企业应建立消防档案,消防档案应包括企业消防安全基本情况及消防安全管理情况。

6.7.2 火灾预防

6.7.2.1 企业应按 GB 50140、GB 50067 的要求配备相应等级和危险类别的消防控制和火灾报警系统、消防给水系统、泡沫或干粉灭火系统等消防设备设施、器材,并按照 GB 15630 的要求设置消防安全标志。

6.7.2.2 企业应制定并落实火灾隐患整改责任制。

6.7.2.3 企业应制定并执行防火安全检查、巡查制度,成立防火检查组、防火巡查队,按要求开展防火检查和防火巡查。

6.7.2.4 企业防火检查、防火巡查中发现的火灾隐患应按要求落实至责任部门、责任人进行整改。

6.7.2.5 企业应制定消防设施及器材管理制度,消防器材及设施应有专人负责,定期组织检验、维修,保存检验、维修记录,确保所有消防器材及设施可靠、有效、随时可用。

6.7.2.6 企业对于易燃易爆的危险化学品储存区域,应设置相应的应急救援物质。

6.7.2.7 企业应保障安全出口、疏散通道及消防车通道的畅通,消防通道应有明显的指示标志。

6.7.3 消防宣传教育

6.7.3.1 企业消防安全责任人、管理人应熟知消防安全知识。

6.7.3.2 企业应建立消防宣传和教育培训制度,制定年度消防宣传教育培训计划,每年应至少进行一次消防安全教育培训,使相关人员具备扑救初起火灾的能力。

6.8 职业健康

6.8.1 职业健康管理

6.8.1.1 企业应制定职业危害防治计划和实施方案,对存在职业危害的作业场所的作业人员定期进行职业健康检查,并对检查结果进行分析和提出建议,建立、健全企业职业卫生档案和从业人员健康监护档案。

6.8.1.2 企业不得安排上岗前未经职业健康检查的从业人员从事接触职业病危害的作业;不得安排有职业禁忌的从业人员从事禁忌作业。

6.8.2 工伤保险

企业应为从业人员缴纳工伤保险费。宜为危险作业岗位人员缴纳意外险。

6.8.3 职业危害告知

6.8.3.1 企业与从业人员订立劳动合同时,应将工作过程中可能产生的职业危害及后果和防护措施等如实告知从业人员,并在劳动合同中写明。

6.8.3.2 企业应向从业人员和相关方告知作业场所及工作岗位存在的职业危害因素、防范措施及应急措施。

6.8.4 环境与条件

6.8.4.1 企业对存在严重职业危害的作业岗位,应按照GBZ 158 要求设置警示标识和警示说明。警示说明应载明职业危害的种类、后果、预防和应急救治措施。

6.8.4.2 企业应建立职业卫生监测制度,对施工现场涉及的职业危害因素定期检测。

6.8.4.3 企业对长期在某一涉及职业健康的岗位发现有职业禁忌症的从业人员应实行换岗制度。

6.8.5 个人防护

6.8.5.1 企业应建立个体防护装备管理制度,为从业人员提供符合国家标准或行业标准的个体防护用品和器具,并监督、教育从业人员正确佩戴、使用。

6.8.5.2 企业各种防护器具应定点存放在安全、方便的地方,并有专人负责保管、检查,定期校验和维护,每次校验后应记录、挂有标识,并明确下次检验时间。

6.8.5.3 企业应建立职业卫生防护设施及个体防护用品管理台账,加强对个体防护用品使用情况的检查监督,从业人员应能按规定正确穿戴、使用符合国家标准或行业标准的个体防护用品和器具。

6.9 安全文化

6.9.1 安全环境

企业应设立安全文化传播平台,每月至少更换1次内容。

6.9.2 安全行为

企业应按照 AQ/T 9004 相关要求,开展企业安全生产承诺活动。

6.10 应急管理

6.10.1 预案制定

6.10.1.1 企业应根据国家标准或行业标准编制企业的生产安全综合应急预案,并针对某种具体的、特定类型的紧急情况,制定专项预案,针对重点作业岗位制定应急处置方案或措施,建立安全生产应急预案体系。

6.10.1.2 企业应按规定对本企业编制的应急预案组织评审或论证,应急预案评审或论证合格后,由企业主要负责人签署公布。

6.10.1.3 企业应急预案应按规定进行修订,至少每3年修订1次,预案评审修订情况应有记录,并将预案修订情况报相关部门备案。

6.10.2 预案实施

6.10.2.1 企业应开展应急预案的宣传教育培训,使有关人员了解应急预案内容,熟悉应急职责、应急程序和应急处置方案,并普及生产安全事故预防、避险、自救和互救知识。

6.10.2.2 企业发生事故后,应及时启动应急预案,组织有关力量进行救援,并按照规定将事故信息及应急预案启动情况报告有关部门。

6.11 事故报告调查处理

6.11.1 事故报告

6.11.1.1 企业发生事故应及时进行事故现场处置,按相关规定及时、准确、如实向有关部门报告,不得瞒报、谎报、迟报。

6.11.1.2 企业应跟踪事故发展情况，及时续报事故信息，建立事故档案和事故管理台账。

6.11.2 事故调查与处理

企业接到事故报告后，应迅速采取有效措施，组织抢救，防止事故扩大，减少人员伤亡和财产损失。

附件 2 交通运输部关于印发《交通运输企业安全生产标准化建设评价管理办法》的通知

交安监发〔2016〕133 号

各省、自治区(直辖市)、长江航务管理局:

  为深入贯彻落实《中华人民共和国安全生产法》,大力推进企业安全生产标准化建设,现将《交通运输企业安全生产标准化建设评价管理办法》印发给你们,请遵照执行。

交通运输部
2016 年 7 月 26 日

交通运输企业安全生产标准化建设评价管理办法

第一章 总 则

第一条 为推进交通运输企业安全生产标准化建设,规范评价工作,促进企业落实安全生产主体责任,依据《中华人民共和国安全生产法》,制定本办法。

第二条 本办法适用于中华人民共和国境内交通运输企业安全生产标准化建设评价及其监督管理工作。

第三条 交通运输部负责全国交通运输企业安全生产标准化建设工作的指导,具体负责一级评价机构的监督管理。

省级交通运输主管部门负责本管辖范围内交通运输企业安全生产标准化建设工作的指导,具体负责二、三级评价机构的监督管理。

长江航务管理局、珠江航务管理局分别负责行政许可权限范围内的长江干线、西江干线省际航运企业安全生产标准化建设工作的指导,具体负责二、三级评价机构的监督管理(以上部门和单位统称为主管机关)。

第四条 交通运输企业安全生产标准化建设按领域分为道路运输、水路运输、港口营运、城市客运、交通运输工程建设、收费公路运营六个专业类型和其他类型(未列入前六种类型,但由交通运输管理部门审批或许可经营)。

道路运输专业类型含道路旅客运输、道路危险货物运输、道路普通货物运输、道路货物运输站场、汽车租赁、机动车维修和汽车客运站等类别;水路运输专业类型含水路旅客运输、水路普通货物运输、水路危险货物运输等类别;港口营运专业类型含港口客运、港口普通货物营运、港口危险货物营运等类别;城市客运专业类型含城市公共汽车客运、城市轨道交通运输和出租汽车营运等类别;交通运输工程建设专业类型含交通运输建筑施工企业和交通工程建设项目等类别;收费公路运营专业类型含高速公路运营、隧道运营和桥梁运营等类别。

第五条 交通运输企业安全生产标准化建设等级分为一级、二级、三级,其中一级为最高等级,三级为最低等级。水路危险货物运输、水路旅客运输、港口危险货物营运、城市轨道交通、高速公路、隧道和桥梁运营企业安全生产标准化建设等级不设三级,二级为最低等级。

交通运输企业安全生产标准化建设标准和评价指南,由交通运输部另行发布。

第六条 交通运输企业安全生产标准化建设评价工作应坚持"政策引导、依法推进、政府监管、社会监督"的原则。

第七条 交通运输企业安全生产标准化建设评价及相关工作应统一通过交通运输企业安全生产标准化管理系统(简称管理系统)开展。

第八条 交通运输部通过购买服务委托管理维护单位,具体承担管理系统的管理、维护与数据分析、评审员能力测试题库维护、评价机构备案和档案管理等日常工作。各省级主管机关可根据需要通过购买服务委托省级管理维护单位承担相关日常工作。

第九条 管理维护单位应具备以下条件:

(一)具有独立法人资格,从事交通运输业务的事业单

位或经批准注册的交通运输行业社团组织;

(二)具有相适应的固定办公场所、设施和必要的技术条件;

(三)配有满足工作所需的管理和技术人员;

(四)3年内无重大违法记录,信用状况良好;

(五)具有完善的内部管理制度;

(六)法律、法规规定的其他条件。

第十条 主管部门应与委托的管理维护单位签订合同或协议,明确委托工作任务、要求及相关责任。

第十一条 管理维护单位因自身条件变化不满足第九条要求或不能履行合同承诺的,主管机关应解除合同并及时向社会公告。

第二章 评 审 员

第十二条 评审员是具有企业安全生产标准化建设评价能力,进入评审员名录的人员。

第十三条 凡遵守法律法规,恪守职业道德,符合下列条件,通过管理系统登记报备,经公示5个工作日,公示结果不影响登记备案的,自动录入评审员名录。

(一)具有全日制理工科大学本科及以上学历;

(二)具备中级及以上专业技术职称,或取得初级技术职称5年以上;

(三)具有5年及以上申报专业类型安全相关工作经历;

(四)身体健康,年龄不超过70周岁;

(五)同时登记备案不超过3个专业类型;

(六)通过管理系统相关专业类型专业知识、技能和评价规则的在线测试;

(七)申请人5年内未被列入政府、行业黑名单或1年内未被列入政府、行业公布的不良信息名录;

(八)评审员承诺备案信息真实,考评活动中严格遵守国家有关法律法规,不弄虚作假、提供虚假证明,一旦违反,自愿退出交通运输企业安全生产标准化建设评价相关活动。

第十四条 评审员按专业类型自愿申请登记在一家评价机构后,方可从事交通运输企业安全生产标准化建设评价工作,登记完成后12个月内不可撤回。

第十五条 评审员应按年度开展继续教育学习,自登记备案进入评审员名录后,每12个月周期内均应通过管理系统进行继续教育在线测试。通过测试的,可继续从事企业安全生产标准化建设评价工作;未通过测试的,暂停参加评价活动,直至通过继续教育测试。继续教育测试不收取任何费用。

第十六条 部级管理维护单位应按年度发布评审员继续教育测试大纲,评审员年度继续教育测试大纲应包含以下内容：

(一)相关专业的安全生产法律、法规、标准规范；

(二)交通运输企业安全生产标准化建设有关新政策；

(三)应更新的安全生产专业知识。

第十七条 评审员个人信息变动应于5个工作日内通过管理系统报备。

第十八条 评审员向受聘的评价机构申请不再从事企业安全生产标准化建设评价工作,或年龄超过70周岁的,部管理维护单位应在5个工作日内注销其备案信息。

第三章 评价机构

第十九条 评价机构是指满足评价机构备案条件,完成管理系统登记报备,从事交通运输企业安全生产标准化建设评价的第三方服务机构。

第二十条 评价机构分为一、二、三级。一级评价机构向交通运输部备案,二、三级评价机构向省级主管机关备案。

一级评价机构可承担申请一、二、三级的企业安全生产标准化评价工作,二级评价机构可承担备案地区申请二、三级的企业安全生产标准化评价工作,三级评价机构可承担备案地区申请三级的企业安全生产标准化评价工作。

第二十一条 凡符合以下条件,通过管理系统登记备案,经公示5个工作日,公示结果不影响登记备案的,自动录入评价机构名录。

(一)从事交通运输业务的独立法人单位或社团组织；

(二)具有一定的交通运输企业安全生产标准化建设评价或交通运输安全生产技术服务工作经历；

(三)具有相适应的固定办公场所、设施；

(四)具有一定数量专职管理人员和相应专业类型的自有评审员；

(五)初次申请一级评价机构备案,应已完成本专业类型二级评价机构备案1年以上,并具有相关评价经历；

(六)建立了完善的管理制度体系；

(七)单位或法定代表人3年内未被列入政府、行业黑名单或1年内未被列入政府、行业公布的不良信息名录；

(八)评价机构同一等级登记备案不超过3个专业类型；

(九)评价机构承诺备案信息真实,严格遵守国家有关法律法规,不弄虚做假、提供虚假证明,一旦违反,自愿退出交通运输企业安全生产标准化建设评价相关活动；

(十)满足其他法律法规要求。

以上第一至五款评价机构具体备案条件见附录A。

第二十二条 评价机构进入评价机构名录后,备案信息有效期5年,并向社会公布。备案信息公布内容应包含评价机构的名称、法定代表人、专业类型、等级、地址和印模、备案号和有效期等。

第二十三条 评价机构可在登记备案期届满前1个月通过管理系统进行延期备案,延期备案符合下列条件,经公示5个工作日后,结果不影响延期备案的,自动延长备案期5年。

(一)单位经营资质合法有效;

(二)未被主管机关列入公布的不良信息名录;

(三)满足该等级评价机构登记备案条件。

第二十四条 评价机构名称、地址或法定代表人变更,或从事专职管理和评价工作的人员变动累计超过25%的,应通过管理系统进行信息变更备案。

第二十五条 评价机构应不断完善内部管理制度,严格规范评价过程管理,并对评价和年度核查结论负责。

第二十六条 评价机构应按年度总结评价工作,于次年1月底前通过管理系统报管理维护单位,管理维护单位汇总分析后,形成年度报告报主管机关。

第二十七条 评价机构在妥善处置其负责评价和年度核查相关业务后,可向登记备案的管理维护单位申请注销其评价机构备案信息,管理维护单位核实相关业务处置妥善后应在5个工作日内完成备案注销工作,并通过管理系统向社会公布。评价机构申请注销的,2年内不得重新备案,所聘评审员自动恢复未登记评价机构状态。

第四章 评价与等级证明颁发

第二十八条 评价机构负责交通运输企业安全生产标准化建设评价活动的组织实施和评价等级证明的颁发。

第二十九条 交通运输企业安全生产标准化建设评价包括初次评价、换证评价和年度核查三种形式。

第三十条 交通运输企业安全生产标准化建设等级证明应按照交通运输部规定的统一样式制发,有效期3年。

第三十一条 已经通过低等级交通运输企业安全生产标准化建设评价的企业申请高等级交通运输企业安全生产标准化建设评价的,评价及颁发等级证明应按照初次评价的有关规定执行。

第三十二条 交通运输企业应根据经营范围分别申请相应专业类别建设评价,属同一专业类型不同专业类别的,可合并评价。

第三十三条 交通运输企业申请安全生产标准化建设评价应遵循以下规定:

（一）依照法律法规要求自主申请；

（二）自主选择相应等级的评价机构；

（三）评价过程中，向评价机构和评审员提供所需工作条件，如实提供相关资料，保障有效实施评价；

（四）有权向主管机关、管理维护单位举报、投诉评价机构或评审员的不正当行为。

第三十四条　交通运输企业在取得安全生产标准化等级证明后，应根据评价意见和标准要求不断完善其安全生产标准化管理体系，规范安全生产管理和行为，形成可持续改进的长效机制，并接受主管机关、评价机构的监督。

第一节　初　次　评　价

第三十五条　申请初次评价应具备以下条件：

（一）具有独立法人资格，从事交通运输生产经营建设的企业或独立运营的实体；

（二）具有与其生产经营活动相适应的经营资质、安全生产管理机构和人员，并建立相应的安全生产管理制度；

（三）近1年内没有发生较大以上安全生产责任事故；

（四）已开展企业安全生产标准化建设自评，结论符合申请等级要求。

第三十六条　交通运输企业应通过管理系统向所选择的评价机构提出企业安全生产标准化建设评价申请，申报初次评价应提交以下资料：

（一）标准化建设评价申请表（样式由管理系统提供）；

（二）法律法规规定的企业法人营业执照、经营许可证、安全生产许可证等；

（三）企业安全生产标准化建设自评报告。自评报告应包含：企业简介和安全生产组织架构；企业安全生产基本情况（含近3年应急演练、一般以上安全事故和重大安全事故隐患及整改情况）；从业人员资格、企业安全生产标准化建设过程；自评综述、自评记录、自评问题清单和整改确认；自评评分表和结论等。

第三十七条　评价机构接到交通运输企业评价申请后，应在5个工作日内完成申请材料完整性和符合性核查。核查不通过的，应及时告知企业，并说明原因。评价机构对申请材料核查后，认为自身能力不足或申请企业存在较大安全生产风险时，可拒绝受理申请，并向其说明，记录在案。

第三十八条　企业申请资料核查通过后，评价机构应成立评价组，任命评价组长，制定评价方案，提前5个工作日告知当地主管机关后，满足下列条件，可启动现场评价。

（一）评价组评审员不少于3人，其中自有评审员不少于1人；

（二）评价组长原则上应为自有评审员，且具有2年和

8家以上同等级别企业安全生产标准化建设评价经历,3年内没有不良信用记录,并经评价机构培训,具有较强的现场沟通协调和组织能力;

(三)评价组应熟悉企业评价现场安全应急要求和当地相关法律法规和标准规范要求。

第三十九条 评价机构应在接受企业评价申请后30个工作日内完成对企业的现场评价工作,并提交评价报告。

第四十条 现场评价工作完成后,评价组应向企业反馈发现的安全事故隐患和问题、整改建议及现场评价结论,形成现场评价问题清单,问题清单应经企业和评价组签字确认。现场发现的重大安全事故隐患和问题应向负有直接安全生产监督管理职责的交通运输管理部门和相应的主管机关报告。

第四十一条 企业对评价发现的安全事故隐患和问题,在现场评价结束30日内按要求整改到位的,经申请,由评价机构确认整改合格,所完成的整改内容可视为达到相关要求;对于不影响评价结论的安全事故隐患和问题,企业应按评价机构有关建议积极组织整改,并在年度报告中予以说明。

第四十二条 评价案卷应包含下列内容:

(一)申请资料核查记录及结论;

(二)现场评价通知书(应包含评价时间、评价组成员等);

(三)评价方案;

(四)企业安全生产重大问题整改报告及验证记录;

(五)评价报告,包括现场评价记录、现场收集的证据材料、问题清单及整改建议、评价结论及评价等级意见;

(六)其他必要的评价证据材料。

第四十三条 评价机构应对评价案卷进行审核,形成评价报告(附评价综述、评价结论和现场发现问题清单)及其他必要的评价资料通过管理系统向管理维护单位报备。评价机构评价结论认为符合颁发评价等级证明的,应报管理维护单位向社会公示5个工作日;公示结果不影响评价结论的,评价机构应向企业颁发交通运输企业安全生产标准化评价等级证明。

第四十四条 企业对评价结论存有异议的,可向评价机构提出复核申请,评价机构应针对复核申请事项组织非原评审员进行逐项复核,复核工作应在接受企业复核申请之日起20个工作日完成,并反馈复核意见。企业对评价机构复核结论仍存异议的,可选择其他评价机构申请评价。涉及评价机构评价工作不公正和违规行为的,企业可向相应管理维护单位或主管机关投诉、举报。

第四十五条 交通运输企业安全生产标准化建设等级证明格式由交通运输部统一规定(附录B),证明应注明类型、类别、等级、适用范围和有效期等。

第四十六条 管理维护单位应在收到评价机构报备的评价等级证明、评价报告等资料5个工作日内,向社会公布获得交通运输企业安全生产标准化建设等级证明的企业和评价机构有关信息,接受社会监督。

第二节 换证评价

第四十七条 已经取得安全生产标准化评价等级证明的企业在证明有效期满之前可向评价机构申请换证评价,换证完成后,原证明自动失效。

第四十八条 企业申请换证评价时,应提交以下材料:
(一)企业法人营业执照、经营许可证等;
(二)原交通运输企业安全生产标准化建设等级证明;
(三)企业换证自评报告和企业基本情况、安全生产组织架构;
(四)企业安全生产标准化运行情况,以及近3年安全生产事故或险情、重大安全生产风险源及管控、重大安全事故隐患及治理等情况。

第四十九条 申请换证的企业在取得等级证明3年且满足下列条件,在原证明有效期满之日前3个月内可直接向评价机构申请换发同等级企业安全生产标准化建设等级证明:

(一)企业年度核查等级均为优秀(含换证年度);
(二)企业未发生一般及以上等级安全生产责任事故;
(三)企业未发生被主管机关安全生产挂牌督办或约谈;
(四)企业安全生产信用等级评为B级以上;
(五)企业未违反其他安全生产法律法规有关规定;
(六)安全生产标准化建设标准发生变化的,年度核查或有关证据证明其满足相关要求。

第五十条 换证评价及等级证明颁发的流程、范围和方法按照初次评价的有关规定执行。

第三节 年度核查

第五十一条 企业取得安全生产标准化建设等级证明后,有效期内应按年度开展自评,自评时间间隔不超过12个月,自评报告应报颁发等级证明的评价机构核查。

第五十二条 评价机构对企业年度自评报告核查发现以下问题的,可进行现场核查:
(一)自评结论不能满足原有等级要求的;
(二)自评报告内容不全或存在不实,不能真实体现企业安全生产标准化建设实际情况的;

（三）企业生产经营状况发生重大变化的，包括生产经营规模、场所、范围或主要安全管理团队等；

（四）企业未按要求及时向评价机构报告重大安全事故隐患和较大以上安全生产责任事故的；

（五）相关方对企业的安全生产提出举报、投诉；

（六）企业主动申请现场复核。

第五十三条 评价机构应在企业提交年度自评报告15个工作日内完成自评报告年度核查，需进行现场核查的，应在30个工作日内完成。

第五十四条 年度核查结论分为不合格、合格和优秀三个等级评价，并通过管理系统向社会公开。企业安全生产标准化建设运行情况不能持续满足所取得的评价等级要求，或长期存在重大安全事故隐患且未有效整改的评为不合格；基本满足且对不影响评价结论的问题和重大安全事故隐患进行有效整改的评为合格；满足原评价等级所有要求，并建立有效的企业安全生产标准化持续改进工作机制，且运行良好，重大安全事故隐患和问题整改完成的，评为优秀。对于年度核查评为优秀，应由企业在年度自查报告中主动提出申请，经评价机构核查，包括进行现场抽查验证通过后，方可评为优秀。

第五十五条 评价机构对企业的年度核查评价在合格以上的，维持其安全生产标准化建设等级证明有效；年度核查评价不合格或未按要求提交自评报告的，评价机构应通知企业并提出相关整改建议，企业在30日内未经验收完成整改，或仍未提交自评报告，或拒绝评价机构现场复核的，评价机构应撤销并收回企业安全生产标准化建设等级证明，并通过管理系统向社会公告。

第五十六条 已经取得交通运输企业安全生产标准化建设等级证明的企业，在有效期内发现存在重大安全事故隐患或发生较大及以上安全生产责任事故的，应在10个工作日内向颁发等级证明的评价机构报送相关信息，评价机构可视情况开展企业安全生产标准化建设核查工作。

第五十七条 评价机构撤销企业安全生产标准化建设等级证明的，应通过管理系统向管理维护单位备案。

第四节 证明补发和变更

第五十八条 企业安全生产标准化建设等级证明遗失的，可向颁发等级证明的评价机构申请补发。

第五十九条 企业法定代表人、名称、经营地址等变更的，应在变更后30日内，向颁发等级证明的评价机构提供有关证据材料，申请对企业安全生产标准化评价等级证明的变更。

第六十条 评价机构发现申请安全生产标准化建设等

级证明变更的企业的安全生产条件发生重大变化，超出第四十九条情况的，可进行现场核实，核实结果不影响变更证明的，应予以变更，核实认为企业安全生产条件不满足维持原证明等级要求的，原证明应予以撤销并通过管理系统向社会公示。

第六十一条　评价机构应在接受企业提出的证明变更申请后30日内，完成证明变更。

第五章　监督管理

第六十二条　主管机关应加强对管理维护单位、评价机构和评审员的监督管理，建立健全日常监督、投诉举报处理、评价机构和评审员信用评价、违规处理和公示公告等机制，规范交通运输企业安全生产标准化建设评价工作。省级主管机关对日常监督管理工作中发现的一级评价机构存在的违法违规行为应通过管理系统上报。

第六十三条　主管机关应采取"双随机、一公开"的突击检查方式，组织抽查本管辖范围内从事相关业务的评价机构和评审员相关工作。抽查内容应包含：机构备案条件、管理制度、责任体系、评价活动管理、评审员管理、评价案卷、现场评价以及机构能力保持和建设等。

第六十四条　交通运输管理部门应将企业安全生产标准化建设工作情况纳入日常监督管理，通过政府购买服务委托第三方专业化服务机构，对下级管理部门及辖区企业推进企业安全生产标准化建设工作情况进行抽查，抽查情况应向行业通报。

第六十五条　已经取得交通运输企业安全生产标准化评价等级证明的企业，在有效期内发生重大及以上安全生产责任事故，或1年内连续发生2次以上较大安全生产责任事故的，评价机构应对该企业安全生产标准化建设情况进行核查，不满足原等级要求的，应及时撤销其安全生产标准化等级证明。事故等级按照《生产安全事故报告和调查处理条例》（国务院令第493号）和《水上交通事故统计办法》（交通运输部令2014年15号）确定。

第六十六条　负有直接安全生产监督管理职责的交通运输管理部门应对企业安全生产标准化建设评价中发现的重大安全事故隐患及时进行核查，确认后责令企业立即整改，并依法依规追究相应人的责任。

第六十七条　主管机关应建立投诉举报渠道，公布邮箱、电话，接受实名投诉举报。

第六十八条　主管机关接到有关企业安全生产标准化建设评价实名举报或投诉的，经确认举报或投诉事项是属本单位管辖权限，应在60个工作日内完成调查核实处理，并将处理意见向举报人反馈。

第六十九条 投诉举报第一接报主管机关对确认不属本单位管辖权限的,应在5个工作日内告知举报人,并建议其向具有管辖权限的主管机关举报。

第七十条 评审员、评价机构违背承诺,其备案信息经核实存在弄虚作假的,管理维护单位应在3个工作日内将其列入黑名单,并通过管理系统向社会公告。

第七十一条 管理维护单位应对评审员、评价机构发生的违规违纪和违反承诺等失信行为,依据评审员、评价机构信用扣分细则(见附录C)进行记录。

第七十二条 评审员、评价机构信用等级按其扣分情况分为AA、A、B、C、D共5个等级,未扣分的为AA;扣1~2分的为A;扣3~8分的为B;扣9~14分的为C;扣15~19分的为D;信用扣分超过20分(含20分)的列入黑名单。以上信用扣分按近3年扣分累计。

第七十三条 部管理维护单位应通过管理系统,按年度向社会公布管辖范围内一级评价机构、评审员3年内违规行为和信用等级汇总情况,以及评价机构所颁发等级证明的企业及其近5年发生等级以上安全生产事故情况。评审员发生信用扣分的,管理维护单位应告知评审员登记的评价机构。

省级管理维护单位应通过管理系统,按年度向社会公布管辖范围内二、三级评价机构,以及评价机构所颁发等级证明的企业及其近5年发生等级以上安全生产事故情况。

第七十四条 交通运输管理部门应将交通运输企业安全生产标准化建设情况和评价结果纳入企业安全生产信用评价范围,鼓励引导交通运输企业积极开展安全生产标准化建设。

第七十五条 交通运输管理部门应加强对企业安全生产标准化评价结果应用,作为实施分级分类、差异化监管的重要依据;对安全生产标准化未达标或被撤销等级证明的企业应加大执法检查力度,予以重点监管。客运、危险货物经营企业安全生产标准化建设评价及年度核查情况应作为企业经营资质年审和运力更新、新增审批、招投标的安全条件重要参考依据。

第七十六条 主管机关和管理维护单位的工作人员发生失职渎职的,应按规定追究相关责任人责任;评价机构的工作人员和评审员发生弄虚作假、违法违纪行为,依法依规追究相关人员法律责任。

第六章 附 则

第七十七条 交通运输企业安全生产标准化是指企业通过落实安全生产主体责任,全员全过程参与,建立安全生产各要素构成的企业安全生产管理体系,使生产经营各环节符合安全生产、职业病防治法律、法规和标准规范的要求,人、机、环、管处于受控状态,并持续改进。

第七十八条 交通运输企业安全生产标准化建设评价是指企业安全生产标准化评价机构,依据相关法律法规和企业安全生产标准化建设标准,评价企业安全生产标准化建设情况,对评价过程中发现安全生产的问题,提出整改建议,是促进企业安全生产标准化建设工作的重要方式。

第七十九条 对企业所实施的安全生产标准化建设评价,不解除企业遵守国际、国内有关安全生产法律法规的责任和所承担的企业安全生产主体责任。

第八十条 航运企业已建立安全管理体系并取得符合证明(DOC)的,视同满足企业安全生产标准化二级达标水平。

第八十一条 省际运输企业是指从事省际道路或水路运输的交通运输企业。

第八十二条 自有评审员是指与受聘评价机构签订正式劳动合同,且受聘评价机构已为其连续缴纳1年以上社保的人员。

第八十三条 本办法所称企业是指从事公路、水路交通运输的生产经营单位,包括直接从事生产经营行为的事业单位。

第八十四条 省级主管机关未委托管理维护单位的,本管理办法涉及的相关工作由其承担。

第八十五条 管理系统由交通运输部统一开发,委托管理维护单位负责日常维护。

第八十六条 本办法自发布之日实施,有效期5年。《关于印发交通运输企业安全生产标准化考评管理办法和达标考评指标的通知》(交安监发〔2012〕175号)及《关于印发交通运输企业安全生产标准化相关实施办法的通知》(厅安监字〔2012〕134号)同时废止。

附录 A

评价机构登记备案条件

序号	条件	要求 一级	要求 二级	要求 三级	备 注
1	固定办公场所面积	不少于 300 m²	不少于 200 m²	不少于 100 m²	需提供房屋产权证明或 1 年以上的租赁合同
2	专职管理人员	不少于 8 人	不少于 5 人	不少于 3 人	需提供人员正式劳务合同(事业单位需提供加盖单位公章的人员在职证明),连续 1 年以上的单位代缴纳的纳税证明和社保缴费证明
3	自有评审员	不少于 30 名本专业自有评审员	不少于 12 名本专业自有评审员	不少于 6 名本专业自有评审员	
4	高级职称人员	不少于 10 人	不少于 3 人	不少于 2 人	高级职称是指国家认可的从事管理、技术、生产、检验和评估评价的高级技术人员,但不含高级经济师、高级政工师等非相关职称
5	工作经验	1. 至少具备 5 年以上从事交通运输相关业务领域咨询服务工作的经验; 2. 至少具备 1 年以上二级评价机构备案经历; 3. 已评价一定数量本专业二级企业	1. 至少具备 3 年以上从事交通运输相关业务领域咨询服务工作的经验; 2. 至少具备 1 年以上三级评价机构备案经历; 3. 已评价一定数量本专业三级企业	至少具备 3 年以上从事交通运输相关业务领域咨询服务工作的经验	评价机构申请备案一级资质需评价二级企业家数(新增专业类型不需要): 道路运输:200 家;水路运输:80 家;港口营运:50 家;城市客运:100 家;交通工程建设:100 家。 评价机构申请备案二级资质需评价三级企业家数(新增专业类型不需要)由各省主管机关确定

注:上述条件为单个专业类型登记备案条件,本办法实施前已经取得评价机构证书的评价机构备案不受此条件限制;已经完成其他类型评价机构备案,增加评价机构备案类型的,不要求具有下一级评价机构备案及相关要求。二、三级评价机构备案条件为最低要求,各省级主管机关可根据具体情况参照设定相应备案条件。

附录 B

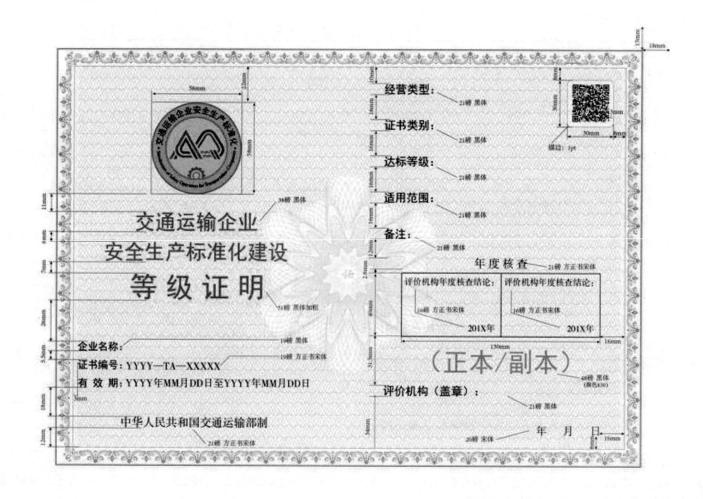

证明格式及编号说明

1. 等级证明纸张大小为420mm×297mm(A3),带底纹。

2. 证明编号格式为YYYY—TA—XXXXXX。YYYY表示年份;TA表示负责颁发等级证明的评价机构监督管理的省级以上管理维护单位(01表示交通运输部,02表示北京市,03表示天津市,04表示河北省,05表示山西省,06表示内蒙古自治区,07表示辽宁省,08表示吉林省,09表示黑龙江省,10表示上海市,11表示江苏省,12表示浙江省,13表示安徽省,14表示福建省,15表示江西省,16表示山东省,17表示河南省,18表示湖北省,19表示湖南省,20表示广东省,21表示海南省,22表示广西壮族自治区,23表示重庆市,24表示四川省,25表示贵州省,26表示云南省,27表示西藏自治区,28表示陕西省,29表示甘肃省,30表示青海省,31表示宁夏回族自治区,32表示新疆维吾尔自治区,33表示新疆生产建设兵团,34表示长江航务管理局,35表示珠江航务管理局);XXXXXX表示序列号。

3. 经营类别分为道路客运运输、道路危险货物运输、道路普通货物运输、道路货物运输站场、汽车租赁、机动车维修、汽车客运站、水路客运运输、水路普通货物运输、水路危险货物运输、港口客运、港口普通货物营运、港口危险货物营运、城市公共汽车客运、城市轨道交通运输、出租汽车营运、交通运输建筑施工企业、交通工程建设项目、收费高速公路、隧道和桥梁运营等类别。

4. 评价等级分一级、二级、三级3个级别。

5. 评价机构颁发等级证明印章使用圆形封口章,名称统一为"＊＊＊企业安全生产标准化评价专用章""＊＊＊"为颁发等级证明的评价机构名称,"达标专用章"封口。

6. 证明电子模板可在管理系统下载。

7. 证明正本1份,副本3份。

附录 C

评审员评价机构信用扣分细则

一、评审员发生下列情形的,信用分值扣 1 分:

(一)管理维护单位对评审员评价能力、评价技巧、抽样或流程符合性提出质疑的;

(二)评审员信息发生变更,未按照规定办理变更手续的;

(三)经核实,评价期间不遵守有关纪律,迟到或提早离场的;

(四)未按评价计划实施现场评价,但不影响评价过程的。

二、评审员发生下列情形的,信用分值扣 2 分:

(一)以个人名义或未经评价机构同意,开展与评价相关活动;

(二)近 3 年内,管理维护单位对评审员评价能力、评价技巧、抽样或流程符合性提出质疑 2 次的评审员;

(三)近 3 年内,评审员参与评价的企业有 20%~30%发生一般等级以上安全生产责任事故;

(四)近 3 年内,评审员参与评价的企业发生了 1 起一般安全生产责任事故,且事故调查确定的直接原因在评价时已经存在,但评价中未识别或指出;

(五)未按评价计划实施现场评价,影响评价过程的。

三、评审员发生下列情形的,信用分值扣 5 分:

(一)与申请评价的企业存在利害关系的,未回避的;

(二)近 3 年内管理维护单位对评审员评价能力、评价技巧、抽样或流程符合性提出质疑 3 次及以上的评审员;

(三)非故意泄露企业技术和商业秘密,未造成严重后果的;

(四)近 3 年内,评审员参与评价的企业有 30%~50%发生一般等级以上安全生产责任事故;

(五)近 3 年内,评审员参与评价的企业发生了 1 起较大安全生产责任事故,且事故调查确定的直接原因在评价时已经存在,但评价中未识别或指出;

(六)受到主管部门通报批评的。

四、评审员发生下列情形的,信用分值扣 10 分:

(一)评价活动中为第三方或个人谋取利益,但不构成违法的;

(二)未按要求如实反映企业重大安全事故隐患或风险的;

(三)允许他人借用自己的名义从事评价活动的;

(四)近 3 年内,评审员参与评价的企业有 50%以上发生一般等级以上安全生产责任事故;

（五）近3年内,评审员参与评价的企业发生了1起重大上安全生产责任事故,且事故调查确定的直接原因在评价时已经存在,但评价中未识别或指出。

五、评审员发生下列情形的,信用分值扣20分：

（一）登记备案条件弄虚作假的；

（二）评价活动中,存在重大违法、违规、违纪行为,构成违法的；

（三）评价活动中为第三方或个人谋取利益,情节特别严重的；

（四）评价工作中弄虚作假的,结果影响评价结论的；

（五）近3年内,评审员参与评价的企业发生了1起特别重大安全生产责任事故,且事故调查确定的直接原因在评价时已经存在,但评价中未识别或指出；

（六）故意泄露企业技术和商业秘密,或泄露企业技术和商业秘密造成严重后果的；

（七）被列入省部级以上黑名单的。

六、评价机构发生下列情形的,信用分值扣1分：

（一）逾期30日未提交年度工作报告；

（二）不按规定程序和要求开展评价活动的；

（三）内部档案管理制度不健全或重要考评记录文件缺失的(每缺失1件扣1分)；

（四）未按评价计划实施现场评价,但不影响评价过程的；

（五）允许不具备评价能力人员参与评价活动的；

（六）近3年内,评价机构所评价的企业有20%~30%发生一般等级以上安全生产责任事故。

七、评价机构发生下列情形的,信用分值扣5分：

（一）未按要求如实反映企业重大安全事故隐患或风险的；

（二）未及时向管理维护单位报备评价结果的；

（三）泄露企业技术和商业秘密的,未构成后果的；

（四）评价机构评价结果或年度核查不符合实际情况；

（五）利用评价活动,谋取其他利益的；

（六）近3年内,评价机构所评价的企业有30%~50%发生一般等级以上安全生产责任事故；

（七）近3年内,评价机构所评价的企业发生了1起较大安全生产责任事故,且事故调查确定的直接原因在评价时已经存在,但评价中未识别或指出。

八、评价机构发生下列情形的,信用分值扣10分：

（一）评价工作中隐瞒或应发现而未发现企业重大安全事故隐患或风险；

（二）泄露企业技术和商业秘密的,造成较轻后果的；

(三)分包转包评价工作的;

(四)利用评价活动,强制谋取其他利益的;

(五)评价活动的专业类型不符合本办法要求或超范围评价的;

(六)评价机构或其法定代表人被主管部门通报批评的;

(七)近3年内,评价机构所评价的企业有50%以上发生一般安全生产责任事故;

(八)近3年内,评价机构所评价的企业发生1起重大安全生产责任事故,且事故调查确定的直接原因在评价时已经存在,但评价中未识别或指出。

九、评价机构发生下列情形的,信用分值扣20分:

(一)登记备案条件弄虚作假的;

(二)评价工作中弄虚作假,或应发现而未发现企业重大安全事故隐患或风险,导致隐患未消除或风险未得到有效控制,发生等级以上责任事故的;

(三)采取不正常竞争措施,严重影响市场秩序的;

(四)泄露企业技术和商业秘密的,造成严重后果的;

(五)评价机构相关条件低于首次备案条件,督办整改不合格的;

(六)近3年内,评价机构所评价的企业发生1起特别重大安全生产责任事故,且事故调查确定的直接原因在评价时已经存在,但评价中未识别或指出;

(七)评价机构或其法人被列入省部级以上黑名单的;

(八)按照有关法规、规定,应予以撤销的。

以上信用扣分细则,逐条逐次累计。交通运输部安委会办公室可根据安全生产信用体系建设和企业安全生产标准化建设情况适时调整。